Der große RAVENSBURGER WELTATLAS für KINDER

MIX
Papier aus verantwortungsvollen Quellen
FSC® C114500

Bibliografische Information der Deutschen Nationalbibliothek
Die Deutsche Nationalbibliothek verzeichnet diese Publikation in der Deutschen Nationalbibliografie; detaillierte bibliografische Daten sind im Internet über **http://dnb.d-nb.de** abrufbar.

3 2 1 C B A

Printed in Germany

Genehmigte Sonderausgabe für
Weltbild GmbH & Co. KG, Werner-von-Siemens-Str. 1, 86159 Augsburg

Text: Andrea Schwendemann
Illustrationen: Jochen Windecker/Ralf Bitter (Karten)
Innenlayout: www.design-box.de/Eva Poetsch
Umschlaggestaltung: Maria Seidel, atelier-seidel.de

ISBN 978-3-473-63271-8
www. ravensburger.de

Der große RAVENSBURGER WELTATLAS für KINDER

Ravensburger Buchverlag

Inhaltsverzeichnis

Bevor es losgeht

Karten

Willkommen, lieber Weltatlas-Leser!

Die Erde, aus dem Weltall von einem Satelliten aufgenommen

Kommst du mit auf einen Trip rund um die Erde, in den Amazonas-Regenwald, zu den ägyptischen Pyramiden und in die größte Stadt der Welt, nach Tokio? Was du brauchst? Nicht viel, du musst nicht einmal in ein Flugzeug steigen. Es reicht, wenn du die Reise mit deinem Finger auf der Landkarte machst. Deshalb kann das Abenteuer sofort losgehen! Doch zunächst erfährst du, wie sich die Menschen orientierten, bevor es Navigationsgeräte gab. Außerdem lernst du, wie so ein riesiges rundes Ding wie die Erde in einen kleinen, viereckigen Atlas passt. Und warum jede Karte einen Maßstab braucht.

Felszeichnung eines Mammuts

Vom Mammut-Zeichen im Fels bis zum Navi

Landkarten sind spannend, denn sie erzählen dir Geschichten über die Erde. Doch wie war es, als unsere Vorfahren die Welt zu Fuß, mit dem Pferd oder mit dem Schiff erkundeten, ohne Landkarten und Navigationsgeräte? Vermutlich verirrten sie sich ziemlich oft. Denn woher sollten sie wissen, dass auf der anderen Seite des Ozeans die Welt nicht zu Ende war, sondern dass dort ein anderer Kontinent lag? Sie kundschafteten neue Wege aus und lernten die Erde immer besser kennen. Vor über 38 000 Jahren begannen die Menschen der Steinzeit Zeichen, zum Beispiel die Abbilder von Mammuts, auf Felswände zu malen. Das könnten die ersten Wegweiser zu guten Jagdgebieten gewesen sein.

Çatal Hüyük: im Vordergrund die Stadt, dahinter die beiden Vulkane

Die erste Karte der Welt

Etwa 7400 vor Christus errichteten Menschen in der heutigen Türkei die erste Stadt der Welt, Çatal Hüyük. Die Einwohner zeichneten einen Stadtplan und damit die wahrscheinlich erste Karte der Welt: Sie malten das Abbild ihrer Häuser sowie von zwei nahen Vulkanen auf eine Hauswand.

Die älteste Weltkarte

Einige Jahrtausende später machten sich Menschen ein Bild von der ganzen Welt. Der griechische Philosoph Anaximander zeichnete die vermutlich älteste Weltkarte im Jahr 550 vor Christus. Das Original ist leider verloren gegangen.

Koreanische Weltkarte

Auf die Perspektive kommt es an

Im Jahr 1402 wurde in Korea bereits eine Weltkarte gezeichnet. Sie zeigt die Erde, wie sie sich die Koreaner damals vorgestellt haben: Korea wird viel größer dargestellt als es in Wirklichkeit ist. Afrika und Europa sind dafür ganz klein.

Wie viele Kontinente gibt es?

Das Wort Kontinent stammt aus dem Lateinischen („terra continens“) und bedeutet: Land, das zusammenhängt. Wie man die Erdteile zählt, darüber streiten sich die Wissenschaftler jedoch. Die meisten haben sich inzwischen auf eine Einteilung in sieben Kontinente geeinigt: Europa, Afrika, Asien, Australien/Ozeanien, Nord- und Mittelamerika, Südamerika und die Antarktis. Diese Gliederung findest du auch in diesem Weltatlas. Übrigens: Die Arktis ist kein Kontinent, weil sie nicht aus Festland besteht, sondern aus dem zugefrorenen Nordpolarmeer.

Weltkarte von Martin Waldseemüller

Ein neuer Kontinent

Auf der Weltkarte des Freiburger Kartografen Martin Waldseemüller taucht 1507 erstmals das Wort „America“ auf. Er gab dem Kontinent diesen Namen nach dem italienischen Seefahrer Amerigo Vespucci. Allerdings war Christoph Kolumbus vor Vespucci dort. Die wahren Entdecker Amerikas waren übrigens keine Europäer, sondern die Vorfahren der Menschen, die heute in Sibirien leben. Sie besiedelten Amerika bereits vor mehr als 15 000 Jahren.

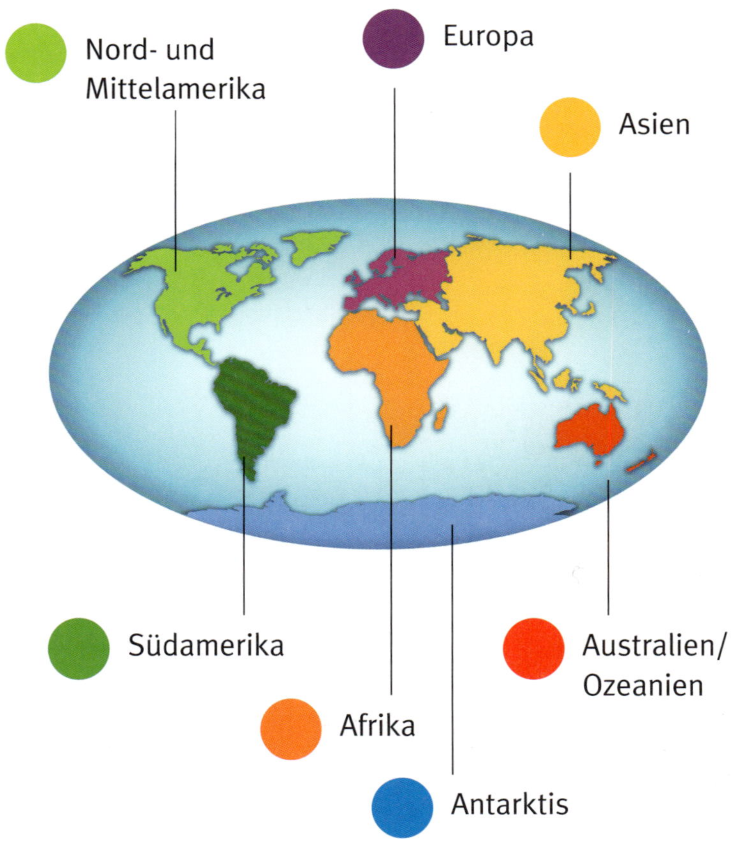

Die ganze Welt in einem Buch?

Es ist gar nicht so einfach, die Erdkugel mit ihrem Umfang von 40 000 Kilometern in einem rechteckigen Buch darzustellen. Dafür müssen Kartografen einige Tricks anwenden. Kartografen sind Wissenschaftler, die Landkarten, Wanderkarten oder Stadtpläne zeichnen.

Die genaueste Art, die Erde darzustellen, ist der Globus, weil er dem Original in seiner Form ähnelt.

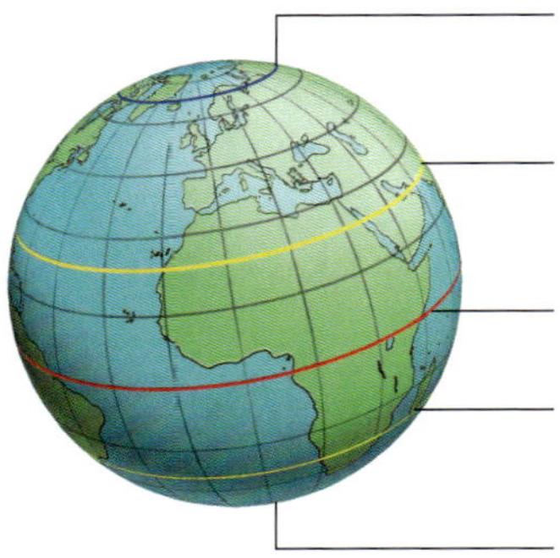

Warum hat der Globus Linien?

Ein Globus ist mit einem gedachten Gitternetz überzogen, so kannst du jeden Ort auf der Erde finden. Die waagrechten Linien heißen Breitenkreise, es gibt 180 von ihnen. Der bekannteste ist der Äquator, der die Erde in eine Nord- und eine Südhälfte teilt. Dann gibt es noch 360 senkrechte Linien, sie heißen Längenkreise. Nicht alle Linien werden aufgezeichnet, sonst könntest du auf deinem Globus kaum noch etwas erkennen.

Vom Globus zur Karte

Wie schaffen es die Wissenschaftler, die Oberfläche der runden Erde auf einer flachen Karte darzustellen?

1.

Schon klar, die Erde ist keine Orange. Aber stell dir mal vor, sie wäre eine.

2.

Dann könnte man ihre Oberfläche ganz einfach abschälen.

3.

Man würde aber schnell feststellen, dass keine durchgängige Fläche entsteht, wenn man die Schale auf einen Tisch legt. Die Schale reißt, die Weltkarte hat Lücken.

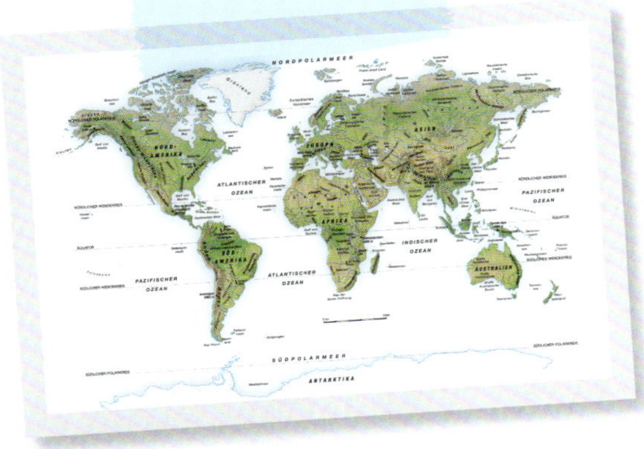

Mit Karte und Kompass

Hast du diese beiden Hilfsmittel dabei, kannst du dich nicht verlaufen. So geht's: Auf der Karte ist Norden immer oben. Wo in der Natur Norden ist, zeigt dir der Kompass: Drehe ihn so lange, bis die Spitze der Kompassnadel auf den Buchstaben N, also Norden zeigt. Jetzt weißt du, wo Süden, Westen und Osten liegen.

4.

Damit eine Karte entsteht, müssen Kartografen diese „Löcher“ füllen. Dazu zerren sie an den Landmassen, dehnen oder stauchen sie. Das Ergebnis dieser Arbeit nennt man Projektion.

Natur als Wegweiser

Wenn Kompass und Karte zu Hause liegen, hilft dir die Natur. Zum Beispiel Bäume. Bei uns weht der Wind nämlich meistens aus Westen. Deshalb neigen sich Pflanzen in Richtung Osten, sie werden von Sturm und Regen dorthin „gedrängt“.

Navi in, Karten out?

Braucht man eigentlich noch Karten? Es gibt doch Navigationsgeräte! Damit findest du deinen Weg bei jeder Fahrradtour. Deine Eltern kurven mit dem Navi durch eine fremde Stadt. Die Antwort heißt trotzdem: Ja, wir brauchen noch Karten. Denn sie funktionieren bei Regen, wenn der Akku deines Handys leer ist oder wenn die Satelliten ausfallen – und vor allem geben sie einen Überblick über das große Ganze. Und natürlich können auch die Navigationsgeräte selbst nicht ohne Karten den Weg weisen.

So funktioniert ein Navi

Mehr als dreißig GPS-Satelliten umkreisen unsere Erde in einer Höhe von 20 000 Kilometern. GPS (sprich: Dschi-Pi-Ess) ist die Abkürzung für „Global Positioning System“, was auf Deutsch „globales System zur Ortsbestimmung“ heißt. Die Satelliten schicken Signale an Mini-Computer, die Navigationsgeräte. Die Navis berechnen die genaue Position und zeigen sie auf einem Bildschirm an.

Was ist der Maßstab?

Der Maßstab gibt an, um wievielmal kleiner die Karte gegenüber der Wirklichkeit ist. Ein Beispiel: Der Maßstab 1 : 10 000 bedeutet, dass ein Zentimeter auf der Karte 10 000 Zentimetern, also 100 Metern, in der Natur entspricht.

Mit der Maßstabsleiste kannst du Entfernungen auf der Karte abmessen.

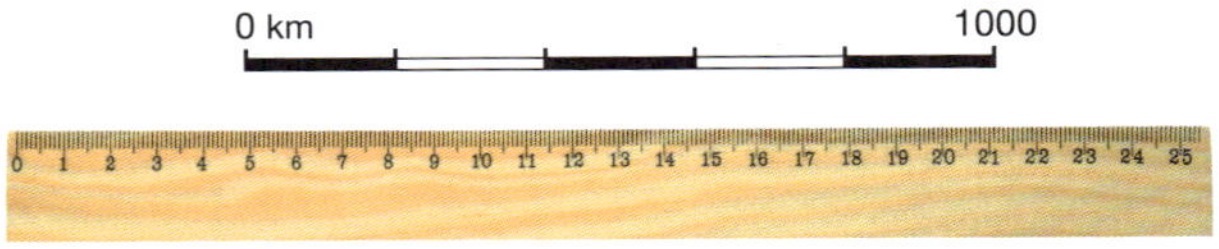

1\.

Hier siehst du den Berliner Reichstag in einer Luftbildaufnahme in einem Maßstab von 1:2500 (1 Zentimeter auf der Karte = 2500 Zentimeter = 25 Meter in der Wirklichkeit).

2\.

So sieht der Reichstag auf einem Stadtplan mit dem Maßstab 1:10 000 aus (1 Zentimeter auf der Karte = 10 000 Zentimeter = 100 Meter in der Wirklichkeit).

3\.

Auf dieser Deutschlandkarte kannst du zwar noch Berlin entdecken, aber nicht mehr den Reichstag. Die Karte hat einen Maßstab von 1:6 000 000 (1 Zentimeter auf der Karte = 60 Kilometer in der Wirklichkeit).

4\.

Auf der Weltkarte mit dem Maßstab 1:50 000 000 ist Berlin nur noch ein kleiner Punkt (1 Zentimeter auf der Karte = 500 Kilometer in der Wirklichkeit).

Karten lesen, aber wie?

Ein Buch liest du und eine Karte schaust du nur an? Nein, auch in Landkarten kannst du richtig schmökern. In ihnen stecken unglaublich viele Informationen. Du erfährst, wo Städte, Flüsse und Berge liegen und wie weit sie voneinander entfernt sind, ob es an einem Ort kalt ist oder heiß, ob es viel oder wenig regnet. Um diese Informationen zu verstehen, helfen dir die Legenden. Auch für diesen Atlas gibt es eine Legende.

Legende

	Fluss
	See
Elbe	Gewässername
	Wasserfall
▲	Berg
Mt. Everest 8850 m	Bergname und -höhe
Alpen	Gebirgsname
	Korallenriff
▼ *-10542 m*	Meerestiefe
Kreta	Landschaftsname und Inselname
	Staatsgrenze (Land)
	Staatsgrenze (Wasser)
POLEN	Staatsname
Oslo ★	Hauptstadt
Kiel ★	Hauptstadt eines Bundeslandes
Köln ●	Millionenstadt
Bonn ●	Stadt unter 1 Million Einwohner

Kartensymbole

Diese Symbole zeigen dir auf der Karte, wo es etwas Spannendes zu entdecken gibt:

- Sehenswürdigkeit
- Rekord
- Das kommt von hier
- Tier
- Pflanze
- Mensch
- Abenteuer/Gefahr
- Essen
- Sprache/Dialekt
- Sport

Bist du ein Ratefuchs? Dann ist dieser Atlas genau richtig für dich. Auf vielen Seiten findest du *Knobelkästen*. Viel Spaß!

Was für Karten gibt es?

In diesem Atlas kannst du in unterschiedlichen Karten stöbern. Du findest Karten mit den geografischen Besonderheiten, auf denen du Flüsse und Seen, Berge und Täler entdecken kannst. Die Kartografen sprechen von **physischen Karten**. Auf diesen Seiten erfährst du viele spannende Dinge über Landschaft, Natur und Tiere.

Außerdem gibt es **politische Karten**, die die Lage und die Grenzen von Staaten zeigen sowie die Haupt- und Millionenstädte. Hier stehen die Länder und Menschen im Vordergrund.

Politische Karte

Physische Karte

Welt-Rekorde

Wo liegt das längste Gebirge? Wo fährst du hin, wenn du mal richtig schwitzen möchtest? Wo kannst du den größten Gletscher bewundern? Entdecke die Rekorde der Erde auf dieser physischen Karte!

1 **Die größte Insel** heißt Grönland. Sie gehört zu Dänemark.

11 **Die trockenste Gegend** der Welt liegt in der Atacamawüste in Chile. Als es 1971 dort einmal regnete, endete eine 400 Jahre andauernde Dürre.

10 Der Amazonas-Regenwald ist **der größte und artenreichste Regenwald** der Erde.

9 **Das größte Sumpfgebiet** ist das Pantanal in Brasilien.

8 **Das längste Gebirge** sind die Anden. Sie ziehen sich 7500 Kilometer durch Südamerika.

Das Kaspische Meer ist kein Meer, sondern **der größte See** der Welt. Seine Fläche ist größer als Deutschland. →

Die tiefste Höhle ist die Voronya-Höhle in Georgien. 2191 Meter geht es dort in den Erdboden hinein.

Der höchste Berg ist der Mount Everest mit 8848 Metern.

Das Tote Meer liegt 400 Meter unter dem Meeresspiegel und ist somit **der tiefste Punkt der Erde.**

Die größte Wüste ist die Sahara. Sie bedeckt ein Drittel der Fläche Afrikas. ↓

Der Lambertgletscher ist **der längste und größte Gletscher.** Er liegt in der Antarktis, ist 420 Kilometer lang und etwa 130 Kilometer breit.

Länder-Rekorde

Mehr als sieben Milliarden Menschen leben auf der Erde. Sie bauen Häuser, große Straßen, faszinierende Städte, gründen Staaten. Kurz: Sie gestalten den Planeten. Die wichtigsten Rekorde findest du auf dieser politischen Karte.

1 **Die nördlichste Hauptstadt** ist Reykjavík. Sie liegt etwa 270 Kilometer südlich des nördlichen Polarkreises. →

13 Die Panamericana ist mit 26 000 Kilometer **die längste Straße** der Welt. Sie führt von Alaska im Norden bis zur Südspitze Chiles. ←

12 **Die längste Grenze zwischen zwei Ländern** trennt die USA und Kanada: 9000 Kilometer.

11 **Das kleinste Land der Welt** ist der Vatikanstaat: Er ist nur so groß wie 50 Fußballplätze – manches Einkaufszentrum in den USA ist größer!

← 10 Sie ist der Gipfel: Quito ist **die höchstgelegene Hauptstadt** der Welt und liegt in einem Tal der Anden auf 2850 Metern.

9 Ein trauriger **Minusrekord**: Fast jeder dritte Mensch in Afrika ist unterernährt.

Das am dünnsten besiedelte Land ist die Mongolei. Hier leben nur 1,7 Menschen pro Quadratkilometer.

Das Land mit den meisten Nachbarn ist China: Vietnam, Laos, Myanmar, Bhutan, Nepal, Indien, Pakistan, Afghanistan, Tadschikistan, Kirgisistan, Kasachstan, Russland, Mongolei und Nordkorea.

Der Großraum Tokio gilt mit über 35 Millionen Einwohnern als **größte Stadt** der Welt. Es leben dort etwa so viele Menschen wie in Kanada, dem zweitgrößten Land der Welt.

Die **südlichste Hauptstadt** der Welt heißt Wellington in Neuseeland.

In Uganda lebt **die jüngste Bevölkerung.** Mehr als die Hälfte der Menschen sind jünger als 14 Jahre.

Jeder dritte Mensch lebt in China (1,3 Milliarden) oder Indien (1,1 Milliarden). Im Jahr 2030, so wird geschätzt, wird Indien jedoch mehr Einwohner haben als China.

Australien ist das sechstgrößte Land der Erde. Dort leben nur 22 Millionen Menschen. Dafür hüpfen etwa **66 Millionen Kängurus** durch das Outback.

Klima-Rekorde

Kennst du den Unterschied zwischen Wetter und Klima? Schau aus dem Fenster: Scheint die Sonne, ziehen Wolken am Himmel oder regnet es? Das, was du gerade siehst, ist das Wetter, das sich täglich ändern kann. Als Klima hingegen bezeichnet man das typische Wetter an einem bestimmten Ort über einen längeren Zeitraum hinweg.

Tropisches Klima: Nördlich und südlich des Äquators ist es immer heiß und feucht. In dieser Gegend wachsen Regenwälder.

Gebirgsklima: Auf den Gipfeln der Berge ist es kälter, feuchter und windiger als in den Tälern der gleichen Klimazone.

4 Schwitz! **Die höchste Lufttemperatur,** die je gemessen wurde: 56,7 Grad im kalifornischen Death Valley im Jahr 1913.

1 **Der nasseste Ort:** In Mawsynram in den Khasi-Bergen in Indien regnet es im Jahr durchschnittlich 12 000 Liter auf einen Quadratmeter. Würde diese Menge auf einmal herunterprasseln, stünde das Wasser 12 Meter hoch in den Straßen.

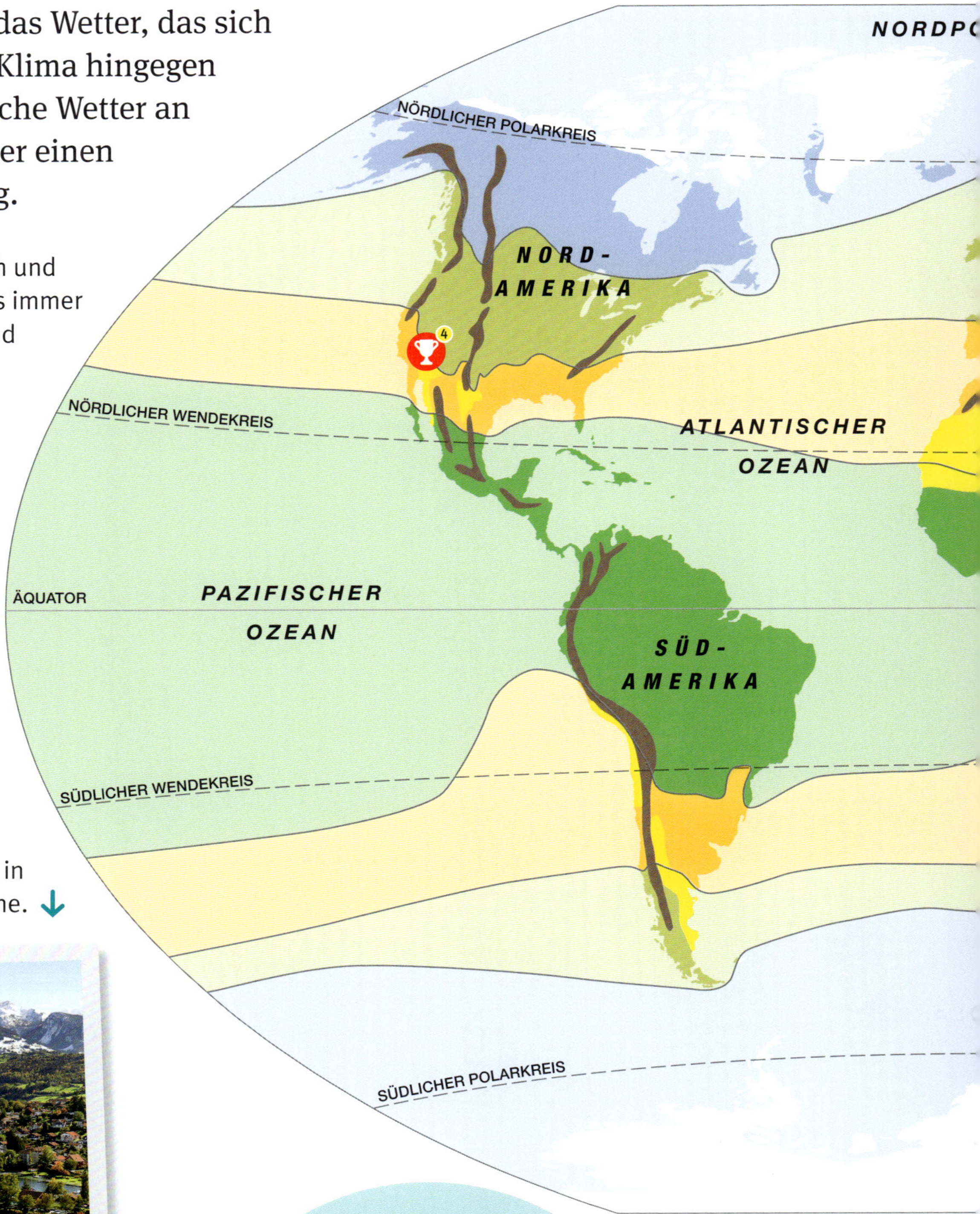

Das Klima hängt nicht nur von der Nähe zum Äquator ab, sondern auch von der Höhenlage. Je höher ein Ort liegt, desto kälter ist es dort. Auch die Nähe zum Meer beeinflusst das Klima, weil Wasser Wärme und Kälte speichert. Große Mengen Wasser erwärmen oder kühlen die Gebiete an den Küsten.

Polarklima
Kaltes Klima
Gemäßigtes Klima
Gebirgsklima

Kaltes Klima: Die Winter sind in diesen Gebieten sehr kalt und trocken, im Sommer gibt es mehr Niederschläge und es wird wärmer.

Warum ist es am **Äquator** heiß und an den Polen kalt? Weil die Erde eine Kugel ist, treffen die Sonnenstrahlen am Äquator senkrecht auf, an den Polen aber in einem flachen Winkel. Dort verteilen sie sich zudem über ein größeres Gebiet.

Gewitterhauptstadt: In Kampala in Uganda gewittert es an 290 Tagen im Jahr.

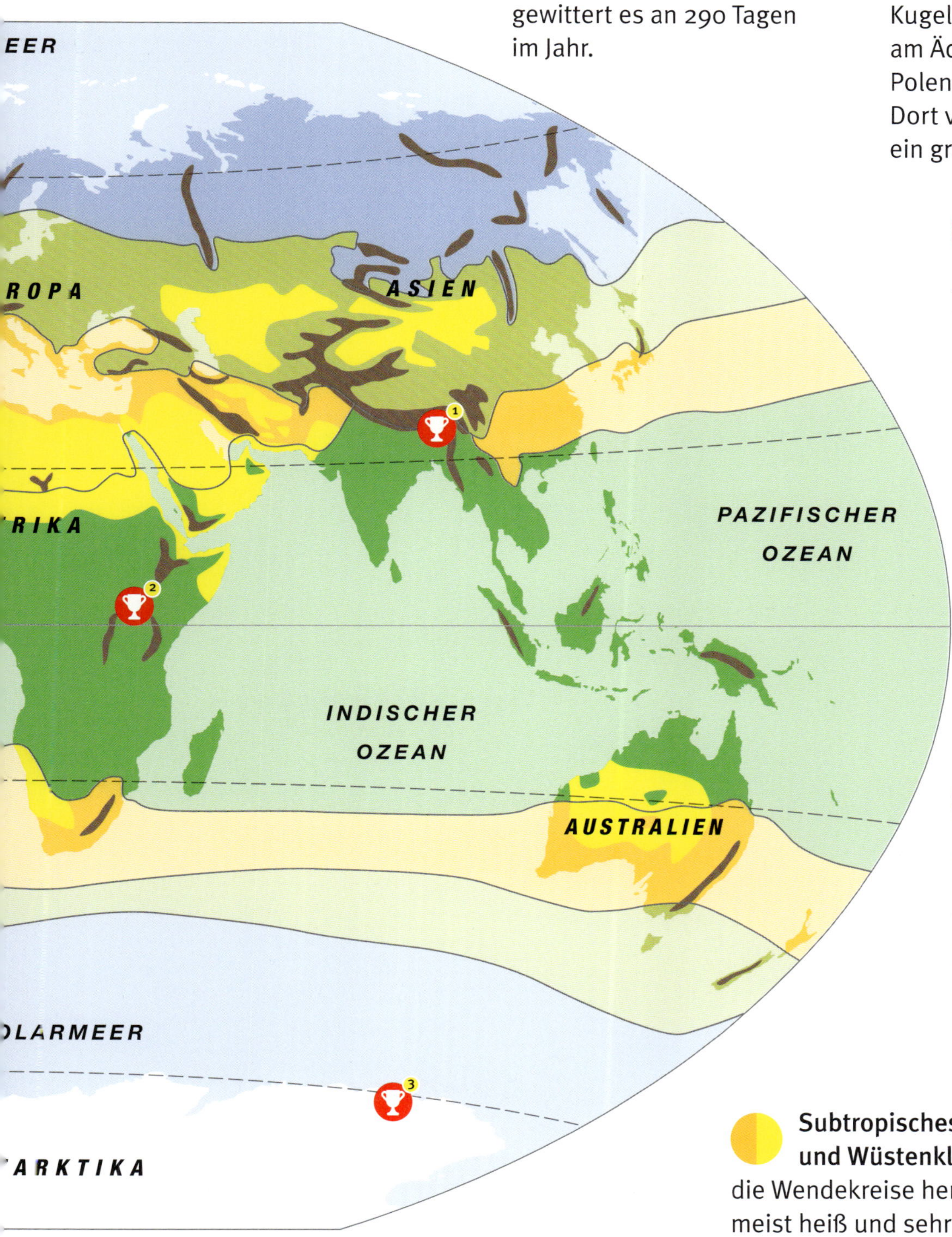

Subtropisches Klima
Wüstenklima
Tropisches Klima

Der windigste Platz: An der Commonwealth Bay in der Antarktis zieht es wie sonst nirgendwo auf der Welt. Der Wind pfeift mit bis zu 350 Kilometern pro Stunde.

Gemäßigtes Klima: Hier sind die Temperaturen ausgeglichen: im Sommer nicht zu heiß, im Winter nicht zu kalt; es ist weder zu trocken noch zu feucht. Dieses Klima herrscht zum Beispiel in Deutschland, in Österreich und in der Schweiz.

Subtropisches Klima und Wüstenklima: Um die Wendekreise herum ist es meist heiß und sehr trocken. In Wüstengebieten wie der Sahara, fällt nur ganz selten Regen.

Polarklima: Hier ist es bitterkalt. Im Sommer steigt das Thermometer selten über null Grad Celsius, im Winter kann es minus 60 Grad Celsius werden.

Meer-Rekorde

Sprungweltmeister: Der **Delfin** springt bis zu sieben Meter aus dem Wasser. →

Aus dem Weltall betrachtet erscheint unsere Erde blau. Kein Wunder, sie besteht zu zwei Dritteln aus Wasser und wird deshalb auch der „blaue Planet“ genannt. Das viele Nass steckt voller Geheimnisse: Wissenschaftler schätzen, dass darin etwa zehn Millionen Tier- und Pflanzenarten leben, doch bislang sind erst 300 000 bekannt. Und der Rest? Die warten darauf, entdeckt zu werden!

Der zweitgrößte Ozean ist der **Atlantik**, der etwa halb so groß wie der Pazifik ist. Für uns unsichtbar liegt hier die größte Bergkette der Welt, der **Mittelatlantische Rücken**. Dieser erstreckt sich über 20 000 Kilometer. ↓

↑ Ein gigantischer **Teppich aus Plastikmüll** schwimmt im Pazifik. Forscher schätzen, dass er etwa zweimal so groß ist wie Deutschland. Für Seevögel, Robben, Schildkröten und Fische ist der Müll eine große Gefahr, weil sie sich daran verletzen können.

Das **Südpolarmeer** ist das zweitkleinste Meer und umschließt vollständig den südlichsten Kontinent, die Antarktis. ↓

Wie viele Meere gibt es? Genau genommen: eins. Die gigantische salzige Wassermasse ist miteinander verbunden und ständig in Bewegung. Getrennt wird sie durch die Kontinente, durch Meeresrücken und große Gräben unter Wasser. Üblicherweise unterscheiden Forscher jedoch fünf Ozeane und ihre Nebenmeere.

Der **Marianengraben** im Pazifik ist mit 11034 Metern die tiefste Stelle unserer Ozeane. Er ist damit viel tiefer als der Mount Everest hoch ist.

Das **Nordpolarmeer**, auch Arktischer Ozean genannt, ist der kleinste Ozean. Im Winter ist die Wasseroberfläche fast vollständig gefroren und bildet die Arktis. →

Der drittgrößte Ozean ist der **Indische Ozean**. Große Teile liegen in den Tropen, deshalb ist er der wärmste Ozean.

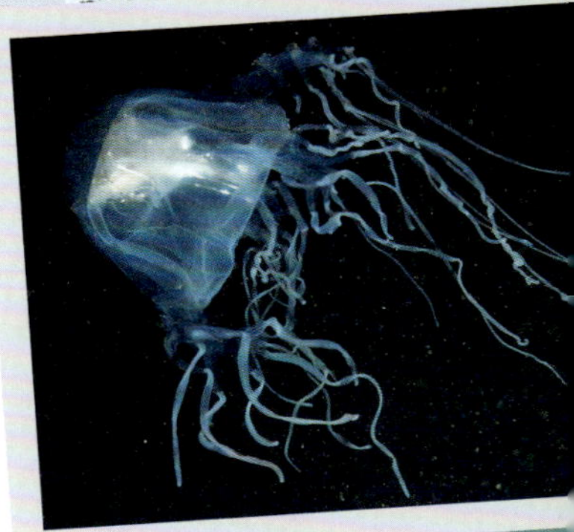

↑

Giftige Seewespe: Sie schwimmt vor der Küste Australiens und gilt als eines der giftigsten Tiere der Welt. Diese Qualle trägt so viel Gift in sich, dass sie theoretisch 250 Menschen auf einmal töten könnte.

Der **Blaue Marlin** ist der schnellste Fisch. Er peitscht mit 110 Kilometern pro Stunde durch den Atlantik. Zum Vergleich: Die schnellsten Menschen schwimmen etwa sieben Kilometer in der Stunde.

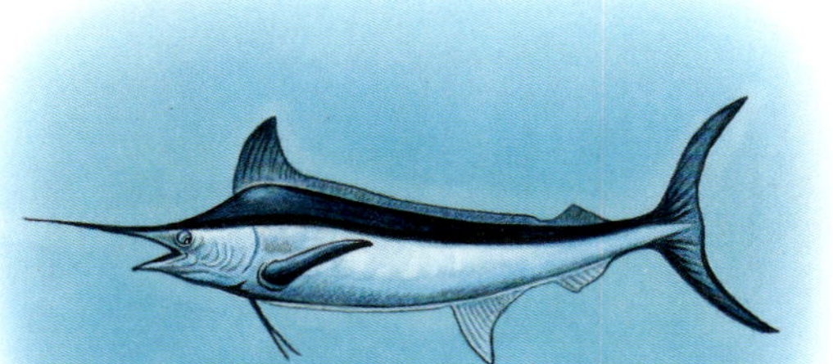

Der Gigant unter den Ozeanen: Der **Pazifik** ist größer als alle Kontinente und Inseln zusammen und wird auch Stiller Ozean genannt. Diesen Namen gab ihm der portugiesische Seefahrer Ferdinand Magellan, der im Jahr 1520 auf einem „stillen" Ozean segelte. Allerdings ist der Pazifik keineswegs immer friedlich. In Äquatornähe entstehen häufig mächtige Wirbelstürme, die Taifune. →

Europa

Europa ist ein Erdteil mit faszinierender Geschichte, toller Natur und vielen wilden Tieren: In Griechenland wurde einst die Demokratie erfunden. Im äußersten Norden Europas, in Spitzbergen, leben sogar Eisbären und fühlen sich bei minus 40 Grad wohl. 4 000 Kilometer weiter im Süden liegt die Tabernas-Wüste in Spanien. In Polen gibt es einen Urwald, in dem die größten Tiere Europas leben, die Wisente. Komm mit auf eine Reise voller Überraschungen!

Europa in der Welt

Wusstest du, dass es Gebiete gibt, die politisch zu Europa gehören, geografisch jedoch weit weg liegen, etwa in Amerika, Asien oder Afrika? Zum Beispiel die paradiesischen Turks- und Caicos-Inseln in der Karibik! Sie sind Britisches Überseegebiet. Oder Französisch-Guayana: Das Land liegt in Südamerika, ist aber eine Region Frankreichs und somit Teil der Europäischen Union.

↓

Obwohl die Insel Réunion im Indischen Ozean liegt, gehört sie politisch zu Frankreich.

Wisent

Eisbär auf Spitzbergen

Mini-Kontinent

Europa ist mit einer Fläche von 10,5 Millionen Quadratkilometern nach Australien der zweitkleinste Erdteil, in dem aber sehr viele Menschen wohnen. Mit mehr als 800 Millionen Einwohnern ist Europa sehr dicht besiedelt. Auf der kleinen Fläche drängeln sich 47 Länder, in denen über 100 Sprachen gesprochen werden.

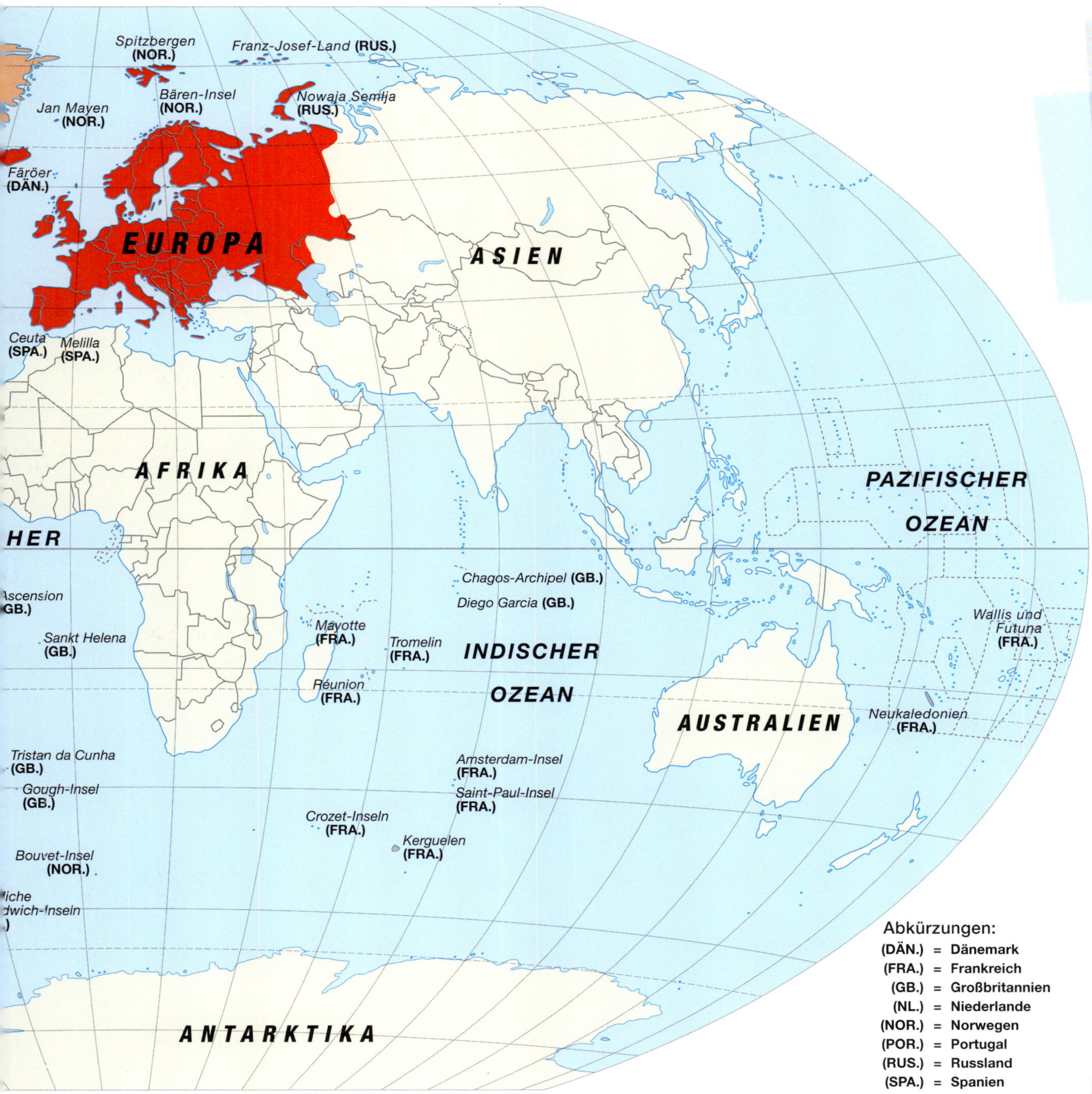

Tabernas-Wüste

Europäisch-Asiatischer Grenzstein, Ural

Wo Europa anfängt – und aufhört!

Europa wird durch Ozeane von anderen Kontinenten getrennt: im Norden, Westen und Süden vom Atlantik und vom Mittelmeer. Nur im Osten bilden zwei Gebirgsketten, der Ural und der Kaukasus, die Grenze. Das Wort Kontinent stammt übrigens aus dem Lateinischen und bedeutet: „Land, das zusammenhängt". Somit ist Europa genau genommen gar kein eigener Kontinent, sondern ein Erdteil oder Subkontinent, der an Asien hängt. Er wird darum auch als eurasischer Kontinent bezeichnet.

Europa

Wusstest du, dass es in Europa ganz schön wild zugeht? Auf diesem dicht mit Menschen besiedelten Kontinent kannst du wilde Tiere entdecken: Braunbären durchstreifen die Pyrenäen in Spanien, Wölfe heulen in den Wäldern von Brandenburg in Deutschland, Wisente weiden in Polen, Steinböcke klettern in den Alpen und Rentiere ziehen durch Skandinavien.

Echt heiß! Nirgendwo sonst gibt es so viele heiße Quellen wie auf **Island**. Einige von ihnen brechen als Geysire von Zeit zu Zeit aus. Dabei spritzt ein Strahl heißes Wasser mehrere Meter hoch in die Luft. ↗

Watt'n datt? **Das Watt** an der Nordseeküste von Deutschland, Dänemark und den Niederlanden ist eine einzigartige Naturlandschaft: einmal Land, einmal Meer, je nachdem, ob Ebbe oder Flut herrscht. Du kannst hier etwa 10 000 Tier- und Pflanzenarten entdecken.

↓

↑ Die Südspitze von Spanien ist nur 15 Kilometer von Afrika entfernt.

ZUM KNOBELN!

1. Wo kannst du wertvolle Bernsteine finden?
2. Wie heißen die acht großen Gebirge in Europa?
3. In welches Gewässer mündet die Wolga?

← Spuckender Berg! Der **Ätna** auf der italienischen Insel Sizilien ist mit etwa 3300 Metern der höchste Vulkan in Europa. Er ist auch der einzige, der noch regelmäßig Asche und glühende Lava ausstößt. Deshalb kann man seine Höhe nicht genau angeben, da diese sich mit jedem Ausbruch ändert.

Natur und Tiere

Fläche: 10,5 Millionen km²
Rekord: Aktivster Vulkan Europas Ätna

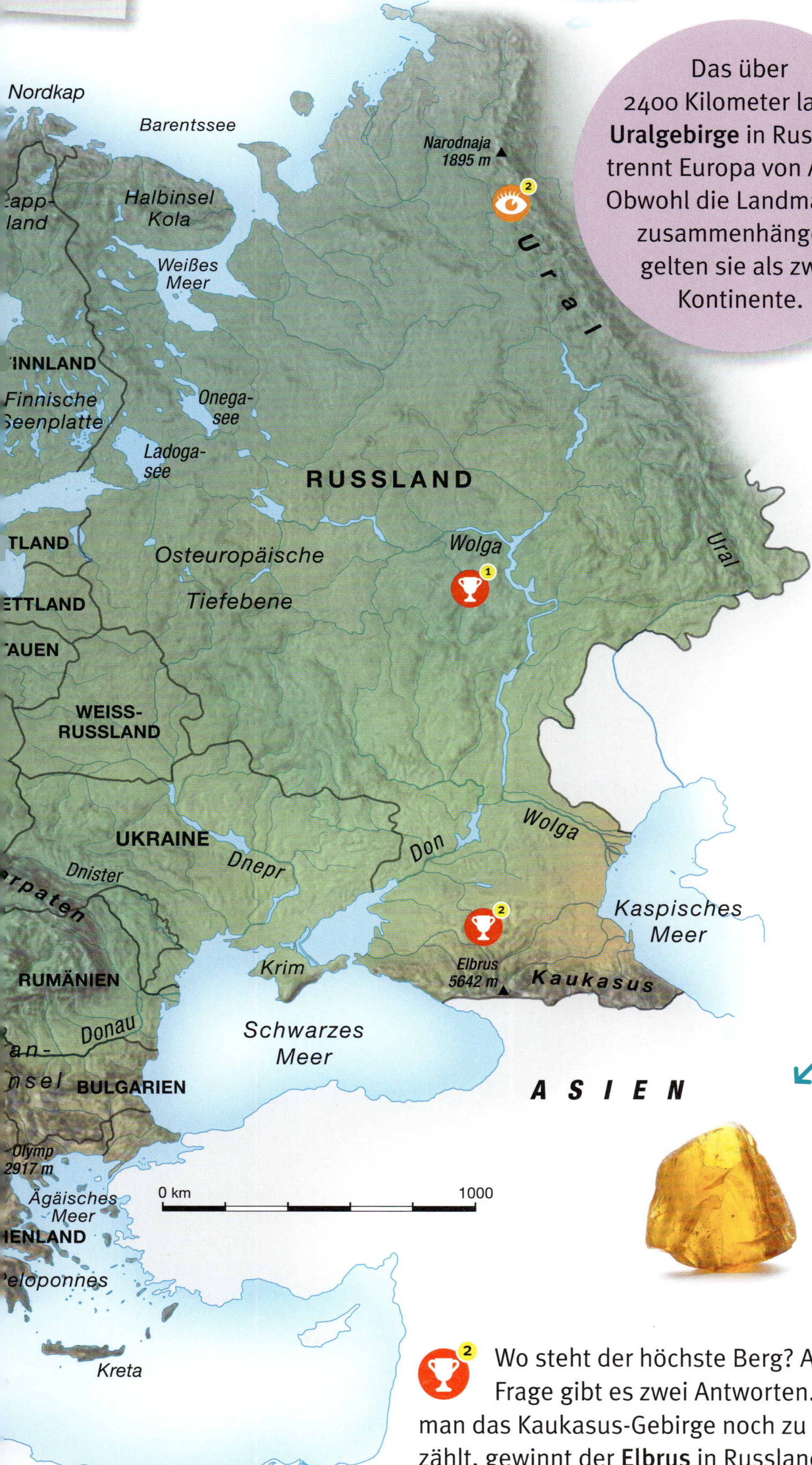

Das über 2400 Kilometer lange **Uralgebirge** in Russland trennt Europa von Asien. Obwohl die Landmassen zusammenhängen, gelten sie als zwei Kontinente.

Der längste Fluss Europas ist die **Wolga**. Sie fließt 3530 Kilometer durch ein einziges Land: Russland. Aufs Treppchen darf auch die **Donau,** sie ist der zweitlängste Fluss. Ihre Quellen liegen im Schwarzwald und auf ihrem 2850 Kilometer langen Weg zum Schwarzen Meer fließt sie durch insgesamt zehn Länder.

Wolga

Donau

An der **Ostseeküste** findest du Bernstein. Das ist das Harz von Nadelwäldern, die vor Jahrmillionen wuchsen. Flüsse trugen es ins Meer, wo es auf den Grund sank. Im Laufe der Zeit wurde es von Sand, Staub und Steinen bedeckt. Unter Luftabschluss bildete sich Bernstein. In manchen Exemplaren sind Insekten oder Pflanzen eingeschlossen.

Wo steht der höchste Berg? Auf diese Frage gibt es zwei Antworten. Wenn man das Kaukasus-Gebirge noch zu Europa zählt, gewinnt der **Elbrus** in Russland, er ist 5642 Meter hoch. Wer diesen Berg jedoch Asien zurechnet, bekommt eine andere Antwort: Dann ist der **Mont Blanc** in den Alpen mit 4810 Metern der Sieger.

Elbrus

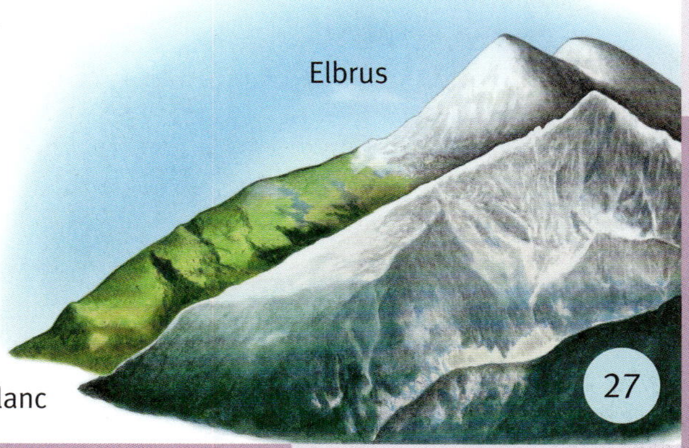

Mont Blanc

Europa

Was verbindet dich mit einem Jungen, der auf einer griechischen Insel wohnt, und einem Mädchen aus London? Ihr alle seid Europäer – auch wenn ihr ganz unterschiedliche Sprachen sprecht und weit weg voneinander lebt. Der zweitkleinste Kontinent der Welt vereint 46 Staaten, 28 davon sind Mitglied in der Europäischen Union, der EU.

Wirf die Wurst: Im Hochland von **Schottland** spielen die Leute verrückte Spiele, etwa Baumstammwerfen und Haggis-Schleudern. Haggis ist ein schottisches Gericht, eine Mischung aus Hafer und Innereien, die in einen Schafsmagen gefüllt wird. Es gewinnt, wer den Wurst-Sack am weitesten schleudert.

←

Alte Meister: Vier Jungs entdeckten vor mehr als 70 Jahren in einer Höhle in Südfrankreich uralte Malereien, die Bilder von Jagdszenen mit Rindern, Pferden und Hirschen zeigen. Diese inzwischen berühmten Malereien von **Lascaux** sind etwa 17 000 Jahre alt.

↓

Petersdom

←

Echt winzig! **Vatikanstaat** ist das kleinste Land der Welt, es hat 800 Einwohner und liegt mitten in der Stadt Rom. Chef des Mini-Landes ist der Papst. Man spricht Italienisch und Latein.

Länder und Leute

Länderanzahl: 46
Bevölkerung: 740 Millionen

Es ist das berühmteste **Riesenrad** der Welt: Das „London Eye“ ist 135 Meter hoch und eine der Attraktionen der Hauptstadt von Großbritannien. ←

Wie praktisch!
Wenn du in Spanien deine Ferien verbringst, bezahlst du dein Eis einfach mit **Euro**. 18 Länder in Europa gehören inzwischen zur Euro-Zone. Sie alle haben diese Währung als Zahlungsmittel eingeführt. Doch nicht in allen Staaten der Europäischen Union kannst du mit Euro bezahlen. Wenn du etwa in Großbritannien essen gehst, erwartet der Wirt „Pound“, also englische Pfund.

↑ Finnen mögen's heiß: In den skandinavischen Ländern ist es im Winter lange dunkel und kalt. Kein Wunder, lieben es die Leute, in die **Sauna** zu gehen. In Finnland leben fünf Millionen Menschen, für die es zwei Millionen Schwitzhütten gibt.

Es war einmal ein rumänischer Fürst. Der hieß Vlad Tepes und lebte im 15. Jahrhundert. Weil er so grausam war, nannte man ihn „Vlad, den Pfähler“. Nach seinem Vorbild soll die Vampir-Legende **Graf Dracula** erschaffen worden sein. →

↑ Blaue Moschee

Halb Europa, halb Asien: **Istanbul** ist eine türkische Großstadt am Bosporus. Sie liegt zu einem Teil auf dem europäischen, zum anderen auf dem asiatischen Kontinent – das ist einzigartig! Istanbul wurde im Jahr 660 vor Christus gegründet.

Die **Akropolis**, der Burgberg von Athen, zählt mit ihren zahlreichen antiken Bauwerken zum Weltkulturerbe. ↓

Akropolis

Die Europäische Union

Die Europäische Union (EU) ist ein Zusammenschluss von europäischen Staaten, die gemeinsame politische Ziele verfolgen und wirtschaftlich eng zusammenarbeiten. Die Europäische Union hat keinen richtigen Chef – und auch keine Hauptstadt. Um trotzdem die gemeinsamen europäischen Ziele zu erreichen, gibt es viele Institutionen, die über Europa verstreut sind und die über Gesetze beraten und Beschlüsse fassen (siehe Abbildung rechts).

Wer kommt rein? Von den 47 europäischen Staaten sind nur 28 Länder Mitglied der Europäischen Union (hier blau eingezeichnet). Doch dürfen sich alle europäischen Staaten um eine Mitgliedschaft bewerben. Um aufgenommen zu werden, müssen sie aber einige Voraussetzungen erfüllen.

Wer will gar nicht rein? Es gibt auch Länder, die der EU beitreten könnten, aber nicht wollen, etwa die Schweiz. Sie hatte 1992 einen Beitrittsantrag gestellt, aber die Mehrheit der Bevölkerung lehnte den Beitritt ab.

Wer will raus? 2016 stimmten die Menschen in Großbritannien mit knapper Mehrheit für den Austritt aus der EU.

Die EU und du!
Wer in einem Land der Europäischen Union lebt, kann innerhalb der EU reisen, ohne ein Visum zu beantragen, und meist ohne kontrolliert zu werden über die Grenzen der anderen europäischen Länder fahren. Auch Geld wechseln ist in den meisten EU-Ländern nicht mehr nötig, denn du kannst die Pizza im Restaurant in 19 Mitgliedsstaaten der EU in Euro bezahlen. Einige EU-Länder haben noch ihre eigene Währung. Zum Beispiel Schweden, dort bezahlen die Menschen mit der Schwedischen Krone.

← **Die EU-Fahne:** Auf der Flagge der Vereinigten Staaten von Amerika sind 50 Sterne zu sehen, für jeden Bundesstaat einen. Doch warum hat die Fahne der Europäischen Union nur zwölf Sterne – bei 28 Mitgliedstaaten? Die Zahl zwölf ist eine symbolische Zahl: Das Jahr hat zwölf Monate, die Uhr zwölf Stunden, in der griechischen Mythologie gibt es zwölf Götter, der Tierkreis hat zwölf Zeichen. Die Zahl zwölf steht für Vollkommenheit und Vollständigkeit.

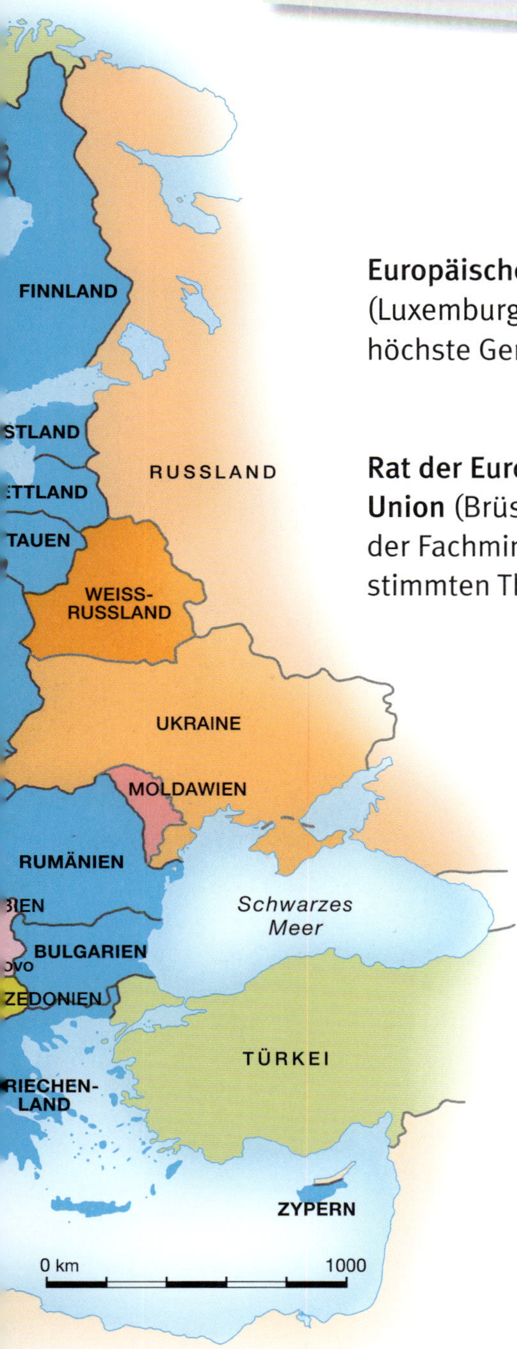

Europäischer Gerichtshof (Luxemburg): Er ist das höchste Gericht der EU.

Europäischer Rat (Brüssel): Vierteljährlich treffen sich die Regierungschefs der EU-Länder.

Das Hauptquartier des **Europäischen Parlaments** ist in Straßburg, aber die gewählten Vertreter der Länder, die Parlamentarier, tagen auch manchmal in Brüssel.

Rat der Europäischen Union (Brüssel): Treffen der Fachminister zu bestimmten Themen.

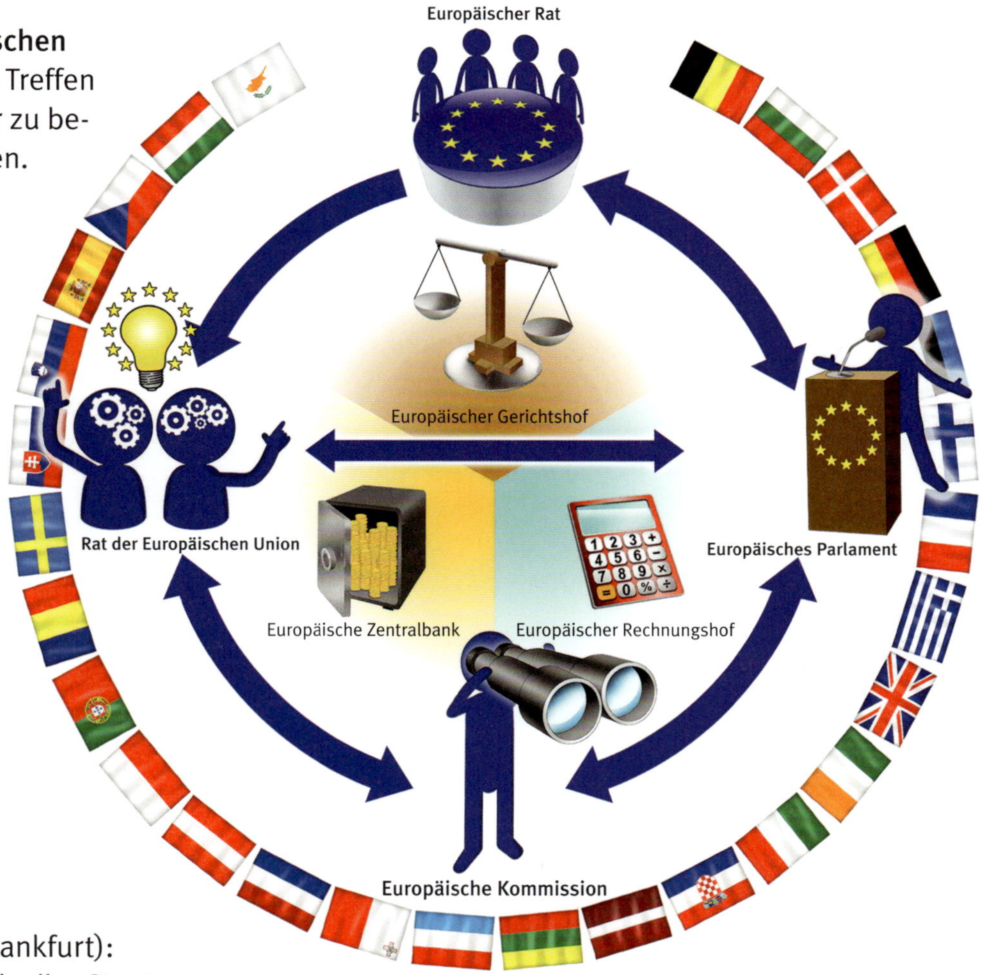

Europäische Zentralbank (Frankfurt): Das ist die gemeinsame Bank aller Staaten, die den Euro als Zahlungsmittel haben.

Der **Europäische Rechnungshof** (Luxemburg) verwaltet die gemeinsame Kasse der EU-Länder und prüft alle Einnahmen und Ausgaben.

Europäische Kommission (Brüssel): Sie sorgt dafür, dass die Beschlüsse des EU-Ministerrats und des EU-Parlaments umgesetzt werden.

Nordeuropa

Magst du raue Natur und schroffe Küsten? Dann wirst du die Länder, die weit im Westen und hoch im Norden Europas liegen, lieben. Du kannst dort tolle Naturschauspiele erleben, etwa die Mittsommernacht in Schweden.

Die coolste Lichterschau der Welt: Jenseits des nördlichen Polarkreises kannst du im Winter ein faszinierendes Naturschauspiel beobachten: **die Polarlichter.** Diese roten, grünen und blauen Lichtschleier entstehen durch winzige Sonnenteilchen. Wenn die elektrisch geladenen Partikel zur Erde gelangen, reagieren sie mit Luft und leuchten.

Irland ist eine **geteilte Insel:** Der größere Teil gehört zur „Republik Irland". Die meisten Menschen dort sind katholisch. Nordirland dagegen ist Teil des „Vereinigten Königreichs von Großbritannien und Nordirland". Die meisten Leute sind protestantisch. Wegen der Religion gab es viele Jahrzehnte lang Krieg. Seit 1998 herrscht Waffenstillstand.

Irland wird auch die **grüne Insel** genannt. Zu Recht, denn dort gibt es saftige Wiesen mit Millionen von Schafen, dazu lange Strände und hohe Klippen. Ein wunderschönes Land.

Der Golfstrom, eine Heizung für Nordeuropa! Der Golfstrom ist eine der größten und schnellsten Meeresströmungen der Erde – und er ist besonders warm. Ohne ihn und seine Ausläufer wären die Häfen in Norwegen, Schweden, Großbritannien und Nordirland vermutlich im Winter zugefroren.

Wilde Bande: Die Vorfahren der heutigen Dänen, Schweden und Norweger waren geniale Seefahrer und Händler: **die Wikinger.** Mit ihren wendigen Drachenbooten eroberten sie viele Länder. Diese kühnen Abenteurer erreichten sogar den amerikanischen Kontinent, lange vor Christoph Kolumbus.

Länderanzahl: 7
Bevölkerung: 95,1 Millionen

Ans Meer und in die Berge – gleichzeitig! In Norwegen, Island, Grönland, Schottland und auf den Färöer-Inseln gibt es unzählige Fjorde – tief eingeschnittene Meeresarme, die an drei Seiten von Festland umgeben sind. Hier kannst du im Winter mit den Skiern bis ans Meer wedeln.

Zur Feier des Sommers! Jedes Jahr am 21. Juni feiern die Schweden am längsten Tag des Jahres das Mitsommerfest. Jenseits des 60. Breitengrades, zum Beispiel am Nordkap, geht die Sonne an diesem Tag nicht unter und es ist quasi auch nachts so hell wie am Tag.

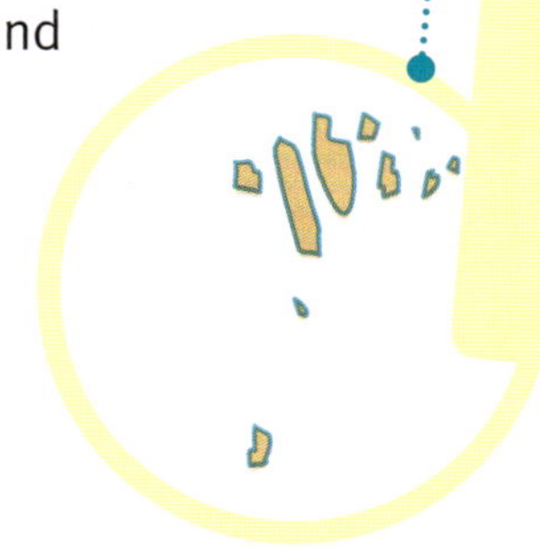

ZUM KNOBELN!

1. Wie heißen diese Inseln und zu welchem Land gehören sie?
2. Wie heißt die nördlichste Hauptstadt Europas und der Welt?
3. Wie viele Millionenstädte, neben London, gibt es im Vereinigten Königreich?

Großbritannien, Irland und Island

Zu Großbritannien gehören England, Schottland, Wales und Nordirland. Die Republik Irland ist nicht Teil von Großbritannien – sie ist ein eigenständiger Staat. Ebenso Island, eine Vulkaninsel, die im Norden Europas mitten im Atlantischen Ozean liegt. Dort leben nur etwa 330 000 Menschen.

Wo ist Nessie? Loch Ness ist ein wunderschöner See im schottischen Hochland. Allerdings reisen viele Touristen nicht wegen der tollen Natur dorthin. Sie kommen, um Nessie zu entdecken. So wird das „Ungeheuer von Loch Ness“ liebevoll genannt. Doch gibt es das schlangenähnliche Monster wirklich? Ungewiss. Forscher konnten bislang noch keine Beweise für seine Existenz finden.

Damm des Riesen? Giant’s Causeway bedeutet auf Deutsch „Damm des Riesen“. Der Legende nach hat ein Riese an der Küste Nordirlands einen Damm gebaut, um trockenen Fußes von Irland nach Schottland gehen zu können. In Wirklichkeit sind die bizarren Felsformationen vulkanischen Ursprungs.

Pferdchen mach Galopp ... und Pass und Tölt! Auf Island leben ganz besondere Pferde: **Islandpferde.** Sie kamen vor über 1 000 Jahren mit den Wikingern auf die Insel. Die stämmigen Rösser beherrschen nicht nur die Gangarten Schritt, Trab und Galopp, sie können sogar noch einen vierten und fünften Gang „einschalten“: Pass und Tölt! Vor allem Tölt ist für Reiter bequem und das ist im unwegsamen Island wichtig.

Burg Caerphilly

Burgen wie Sand am Meer: Magst du Ritter, Prinzessinnen und alte Gemäuer? Dann bist du in Wales richtig. Hier gibt es mehr Burgen pro Quadratkilometer als in jedem anderen Land der Welt.

Längster Ortsnamen Europas! Llanfairpwllgwyngyllgogerychwyrndrobwllllantysiliogogogoch liegt im Nordwesten von Wales und hat 3 000 Einwohner. Übersetzt bedeutet der Name „Marienkirche am Teich der weißen Haselsträucher nahe dem reißenden Strudel an der roten Höhle der Kirche St. Tysilio“.

Höchster Punkt:
Hvannadalshnúkur auf Island
(2 110 Meter)

Gammel-Hai: Schon klar, Fisch ist gesund! Und für die Isländer ist Fisch eine wichtige Eiweißquelle. Aber wenn du mal nach Island reist, bekommst du vielleicht **Hákarl** vorgesetzt: Gammelhai.

Groß, größer, London! Die größte Stadt der Europäischen Union heißt London. In der Hauptstadt von Großbritannien leben über acht Millionen Menschen.

Rätsel aus Stein: Der geheimnisvolle Steinkreis von **Stonehenge** gibt Forschern Rätsel auf. Die Anlage aus Sandstein liegt in der Nähe der Stadt Salisbury im Süden Englands und wurde vor mehr als 4 500 Jahren errichtet. Wer waren die Erbauer? Diente der geheimnisvolle Ort als Friedhof? Als Sternwarte? Bis heute ist das Geheimnis der „hängenden Steine“ nicht vollständig gelöst.

Finnland, Norwegen, Schweden, Dänemark

Skandinavien, so nennt man die Länder, die du auf dieser Karte siehst, ist ein Paradies für Wildtiere – für Braunbären in Finnland, Elche in Schweden, Moschusochsen in Norwegen und Rothirsche in Dänemark.

Korallen im eisigen Meerwasser: Norwegen ist ein Paradies für Naturliebhaber: Berge, Fjorde und viel Platz in den Wäldern für Moschusochsen, Elche, Rentiere. Aber auch im Wasser leben faszinierende Lebewesen, etwa Kaltwasserkorallen. Die Korallenriffe vor Norwegen sind viele hundert Meter tief und erinnern an gigantische Blumenfelder. Doch bei den Lebewesen handelt es sich um Tiere, die den Meeresgrund bevölkern. →

Das Meistgeklaute: Das Wahrzeichen von Schweden ist der Elch. Wer in Schweden mit dem Auto unterwegs ist, sieht häufig ein Verkehrsschild, das „Vorsicht, Elch" bedeutet. Viele Touristen finden das Schild so toll, dass sie es abschrauben und als Erinnerung mit nach Hause nehmen. Es ist das wohl meist geklaute Mitbringsel der Welt.

←

←

Mehr als eine Stulle! „Smörrebröd" ist dänisch und heißt übersetzt Butterbrot. Ursprünglich hatten Feldarbeiter diese Mahlzeit als Proviant dabei. Inzwischen ist es in der dänischen Hauptstadt Kopenhagen hip, Smörrebröd zu Mittag zu essen. Bei diesen Stullen spielt das Brot die Nebenrolle, die Hauptrolle übernimmt der üppige Belag: Lachs, Hering, Ei, Schinken, Kaviar, Zwiebeln ...

Höchster Punkt:
Galdhøpiggen in Norwegen
(2 469 Meter)

Ein Hotel, das taut: In Schweden, etwa 200 Kilometer nördlich des Polarkreises, liegt eine der coolsten Herbergen der Welt: das **Eishotel** von Jukkasjärvi. Es wird jedes Jahr im Frühwinter aus Tonnen von Eis errichtet. Du kannst dort in einem der 60 Zimmer übernachten, auf einem Rentierfell liegend, eingemummelt in einen warmen Schlafsack. Im Frühling schmilzt das Hotel dann einfach wieder weg.

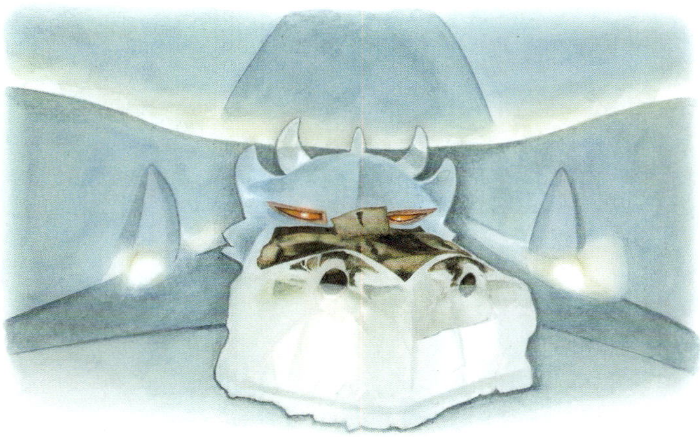

Drachenzimmer

Die Samen und die Rentierzucht: Im Norden Skandinaviens, in Lappland, wohnt das Volk der Samen. Einige der 200 000 Samen wandern noch wie ihre Vorfahren mit ihren Rentieren umher. Doch die meisten sind sesshaft und üben andere Berufe aus. Früher wurden die Samen von anderen häufig als Lappen bezeichnet. Sie selbst nennen sich Sámi, das bedeutet „Sumpfleute“.

Schlittschuhe aus Tierknochen: Vermutlich sind Schlittschuhe nirgendwo so hilfreich wie in Finnland. Denn in diesem skandinavischen Land gibt es mehr Seen als in jedem anderen europäischen Land. Diese sind in den kalten Wintern meist zugefroren. Logisch, dass man da mit Schlittschuhen schneller vorankommt. Das haben sich die Vorfahren der heutigen Finnen auch gedacht – und vor etwa 5000 Jahren die ersten Schlittschuhe aus Tierknochen gebastelt.

Mitteleuropa

Mitteleuropa reicht vom flachen Wattenmeer im Norden bis zu den Alpen im Süden, von den Ardennen im Westen bis zur Hohen Tatra im Osten. Die elf Länder dieser Region liegen – wie der Name es sagt – mitten in Europa.

Fietsen-Freunde: Die Niederlande sind flach wie ein Pfannkuchen. Kein Wunder, dass die Menschen hier **leidenschaftliche Radfahrer** sind. Jeder Niederländer besitzt mindestens ein Fahrrad und es gibt in diesem Land zweimal so viele Fietsen (Deutsch: Fahrräder) wie Autos. ←

Holland? Gibt es gar nicht! Viele Leute sagen zu unserem Nachbarland, das im Nordwesten liegt, einfach „Holland". Aber Holland ist nur ein Teil der Niederlande, so heißt der Staat offiziell.

← **Wer spricht hier Belgisch?** In Belgien werden drei Sprachen gesprochen – doch keine heißt „Belgisch". Im Norden spricht man Niederländisch, im Süden Französisch und an der Grenze zu Deutschland Deutsch.

Klein, aber international: Luxemburg ist riesig im Vergleich zu Liechtenstein – der Mini-Staat im Süden würde 16 Mal hineinpassen. Luxemburg hat etwa 500 000 Einwohner – so viele wie Dresden. Die Menschen kommen aus 150 Nationen. ←

Klein, aber fein: Liechtenstein ist so klein, dass du das Land in zwei Stunden durchqueren kannst. Denn es ist nirgendwo breiter als zwölf Kilometer. Die Hauptstadt des Zwergstaates heißt Vaduz. →

Am meisten Menschen: Deutschland ist mit 81 Millionen Einwohnern das bevölkerungsreichste Land der Europäischen Union. Auch was die Anzahl der Gartenzwerge betrifft, ist Deutschland spitze: 25 Millionen der kleinen Wichte gibt es. Durchschnittlich hat jeder Vierte einen Gartenzwerg.

Länderanzahl: 11
Bevölkerung: 187 Millionen

Paradies für Zugvögel: In Polen brüten mehr Zugvögel als in jedem anderen europäischen Land. Das Land ist ein Paradies für Kampfläufer, Störche und Kraniche. Sie finden viel Futter, zum Beispiel entlang des Flusses Biebrza, in den Masuren und an der Ostsee.

Aus eins mach zwei! Die Länder Tschechische Republik und die Slowakei sind noch ganz jung. Sie wurden erst im Jahr 1993 unabhängig. Davor bildeten sie die Tschechoslowakei.

Untendurch:
Die 1869 eröffnete **Untergrundbahn in Budapest** ist die älteste auf dem europäischen Festland. Älter ist nur die Londoner U-Bahn, über deren Gleise erstmals 1863 ein Zug rollte.

ZUM KNOBELN!

1. Wie heißt das kleinste Land Mitteleuropas?
2. Nenne die Hauptstadt der Slowakei!
3. Wie viele Länder Mitteleuropas haben keinen Zugang zu einem Meer?

Neutrale Schweiz: Die Schweiz ist bekannt dafür, politisch neutral zu sein. Sie beteiligte sich weder am Ersten noch am Zweiten Weltkrieg. Auf ihre Neutralität sind die Schweizer stolz. Sie sind deshalb auch weder Mitglied in der Europäischen Union noch der NATO.

Deutschland, Schweiz, Österreich und Liechtenstein

Was haben diese vier Staaten gemeinsam? Alle sind Alpenländer. Liechtenstein liegt mit seiner ganzen Fläche komplett in diesem Gebirge, Österreichs Landesfläche liegt zu 60 Prozent in den Alpen, die Schweiz zu etwa 40 Prozent. Deutschland ist eher Flach- als Alpenland: nur zwei Prozent liegt im Hochgebirge.

Wer hat das größte? Wenn es um Fußballstadien in Deutschland geht, liegt Dortmund eindeutig vorn. Der **Signal-Iduna-Park** fasst 81 000 Zuschauer. Zum Vergleich: In die Münchner Allianz Arena passen nur etwa 75 000 Menschen. →

← **Lust auf Hornussen?** Schon klar, die Schweizer sind echte Profis im Skifahren, Skispringen und Snowboarden. Wusstest du jedoch, dass sie auch sehr traditionelle Leibesübungen praktizieren wie Hornussen, das ist eine Mischung aus Baseball und Golf.

Matterhorn

←

Die Schweiz ist Spitze! Auf jeden Fall, was die Höhe ihrer Berge betrifft. Es gibt 48 Viertausender, der bekannteste ist das Matterhorn (4 478 Meter), der höchste die Dufourspitze (4 634 Meter). Außerdem gibt es mehr als 1 500 Seen. Schön ist, dass man nie mehr als 13 Kilometer von einem entfernt ist.

Höchster Punkt:
Dufourspitze in der Schweiz
(4634 Meter)

Die Seeadler kreisen wieder: Bis vor wenigen Jahrzehnten waren Seeadler in Deutschland vom Aussterben bedroht – jetzt kreisen sie wieder in großer Zahl über unsere Seen- und Küstenlandschaften.

Überbrückendes Berlin! Die Hauptstadt Berlin ist mit 3,5 Millionen Einwohnern die bevölkerungsreichste Metropole in Deutschland. Du kannst dort den Reichstag besichtigen, durch das Brandenburger Tor hindurchlaufen – und über viele Brücken gehen. Insgesamt gibt es 960 – mehr als in der Lagunenstadt Venedig.

Pferde in der Schule? Ja! Die eleganten Lipizzaner besuchen die **Spanische Hofreitschule** in Wien. Die Pferde wurden ursprünglich im Gestüt Lipica im heutigen Slowenien gezüchtet – daher der Name.

Was für ein Schmarrn! Die österreichische Küche ist berühmt für ihre **Mehlspeisen.** Du kannst viele Leckereien futtern: zum Beispiel „Kaiserschmarrn“, das sind zerteilte Pfannkuchen. Das Wort „Schmarrn“ bedeutet im übertragenen Sinne so viel wie „Unsinn“.

Tierische Kletterer: In den Alpen fühlen sich viele Tierarten wohl – trotz Kälte und Schnee im Winter. Steinböcke etwa haben immer ihr Kletterzeug „bei Fuß“: Mit ihren Hufen springen sie leichtfüßig von Fels zu Fels. Murmeltiere verschlafen einfach die kalten Monate in ihrem Bau.

Naturrekorde

Kennst du die tiefste Höhle der Republik? Hast du eine Ahnung, wo der größte See liegt oder wie der höchste Berg heißt? Die spannendsten Naturrekorde Deutschlands findest du auf dieser Seite.

1 Der **längste Fluss** Deutschlands ist der Rhein. Auf 865 Kilometern schlängelt er sich durch Baden-Württemberg, Rheinland-Pfalz und Nordrhein-Westfalen. Von der Quelle in der Schweiz bis zur Mündung in die Nordsee in Rotterdam (Niederlande) ist er etwa 1239 Kilometer lang.

2 Der **kürzeste Fluss** Deutschlands entspringt in Paderborn und heißt Pader. Nach nur vier Kilometern mündet das Flüsschen in die Lippe.

9 Bei der Gemeinde Neuendorf-Sachsenbande in Schleswig-Holstein liegt der **tiefste Ort** Deutschlands: 3,54 Meter unter dem Meeresspiegel. Der tiefste Punkt der Erde, den man trockenen Fußes erreichen kann, liegt 400 Meter tiefer am Ufer des Toten Meeres in Israel.

8 Mit 926 Quadratkilometern ist Rügen die **größte Insel** Deutschlands. In Grönland, die größte Insel der Welt, würde Rügen jedoch über 2300 Mal hineinpassen.

7 Der Funtensee in den Berchtesgadener Alpen ist die Kühltruhe Deutschlands. Am 24. Dezember 2001 wurden hier minus 45,9 Grad Celsius gemessen, die **tiefste** je in Deutschland aufgezeichnete **Bodentemperatur**.

Paderquelle mit Denkmal

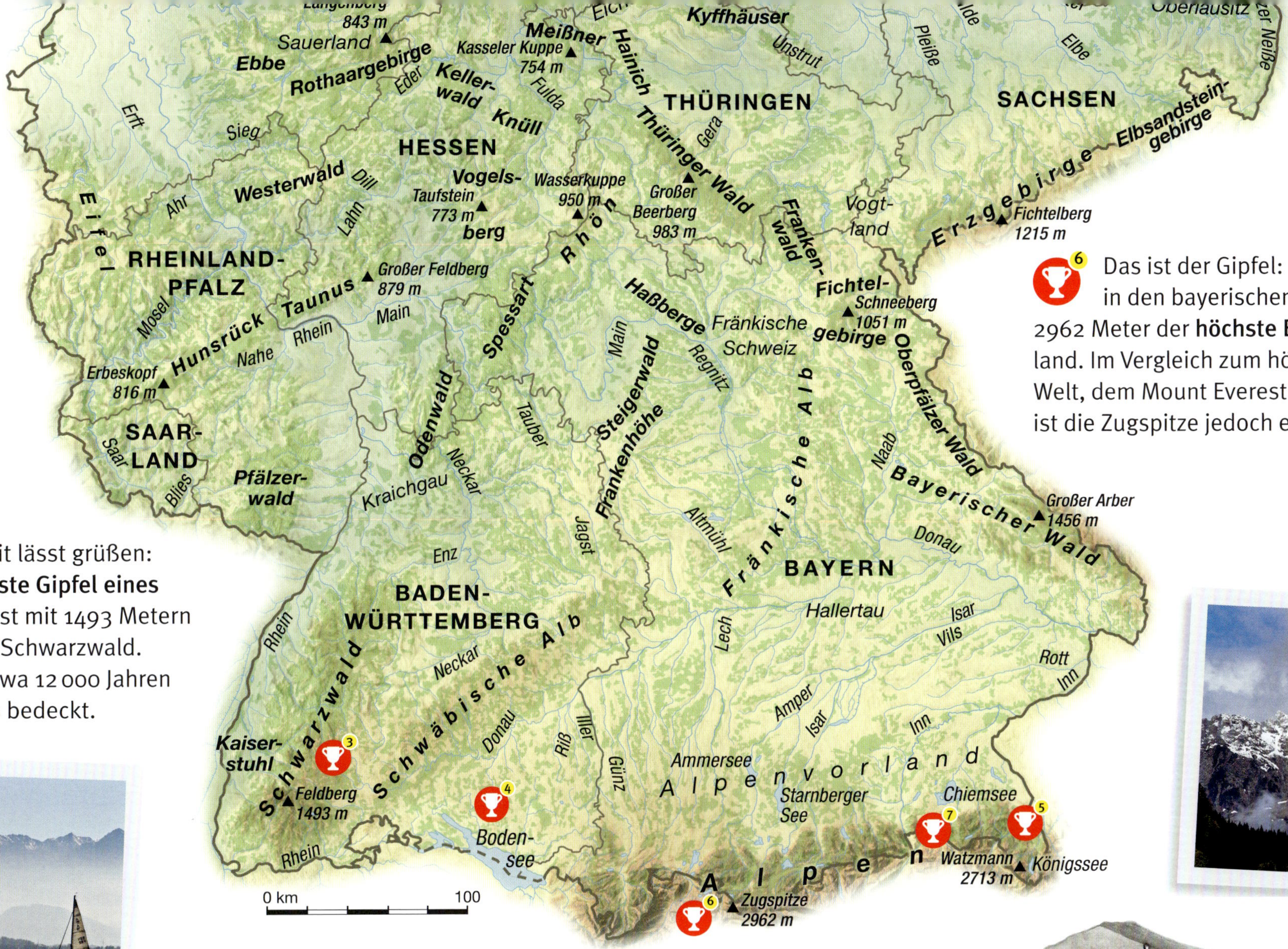

Das ist der Gipfel: Die Zugspitze in den bayerischen Alpen ist mit 2962 Meter der **höchste Berg** in Deutschland. Im Vergleich zum höchsten Gipfel der Welt, dem Mount Everest (8848 Meter), ist die Zugspitze jedoch ein Bergzwerg.

Die Eiszeit lässt grüßen: Der **höchste Gipfel eines Mittelgebirges** ist mit 1493 Metern der Feldberg im Schwarzwald. Er war bis vor etwa 12 000 Jahren mit Gletschereis bedeckt.

Der Bodensee ist mit 536 Quadratkilometern der **größte See** der Republik. Er ist bis zu 13 Kilometer breit, sein Ufer ist insgesamt 273 Kilometer lang. Man könnte also über sechs Marathonläufe mit je 42 Kilometern hintereinander rennen und würde erst dann wieder den Ausgangspunkt erreichen.

Die **tiefste** und **längste Höhle** Deutschlands ist die Riesending-Höhle im Berchtesgadener Land: Sie ist über 1000 Meter tief und über 19 Kilometer lang. Den Namen hat sie von ihrem Entdecker Hermann Sommer. Als er sie 1996 fand, rief der Höhlenforscher: „Das ist ja ein Riesending!“

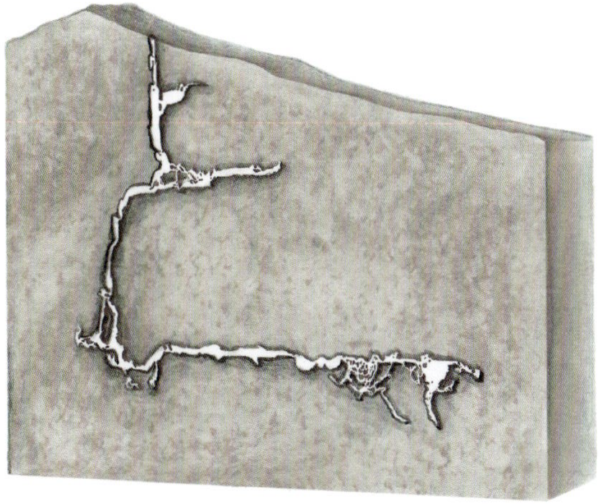

Kulturrekorde

Deutschland ist ein Bundesstaat mit 16 Bundesländern. Die politische Macht ist aufgeteilt: zwischen der Bundesregierung, die vom Kanzler oder von der Kanzlerin angeführt wird, und den Regierungen der Bundesländer. Diese Art der Verteilung der Macht heißt Föderalismus. Die Bundesregierung entscheidet zum Beispiel über die Außenpolitik, für die Bildungspolitik dagegen ist jedes Bundesland selbst verantwortlich.

8 Der Stadtstaat Bremen ist mit knapp 420 Quadratkilometern das flächenmäßig **kleinste Bundesland.**

7 Im **Schloss Bellevue** arbeitet der **Bundespräsident.** Er ist zwar das Staatsoberhaupt, doch ist er längst nicht so mächtig wie die Bundeskanzlerin oder der Bundeskanzler. Er darf nicht regieren, unterschreibt aber jedes Gesetz und empfängt Staatsgäste aus aller Welt. Außerdem reist er selbst viel.

6 Die **Berliner Mauer** war lange Zeit eines der berühmtesten Bauwerke der Welt. Von 1961 bis 1989 trennte sie Westberlin von der Deutschen Demokratischen Republik. An der Gedenkstätte in der Bernauer Straße kannst du heute noch ein Stück Berliner Mauer anschauen.

Berliner Mauer, Gedenkstätte Bernauer Straße

1 Das **bevölkerungsreichste Bundesland** heißt Nordrhein-Westfalen. Von den rund 81 Millionen Deutschen leben knapp 18 Millionen dort. Pro Quadratkilometer sind das 515 Menschen. Zum Vergleich: **Am dünnsten besiedelt** ist Mecklenburg-Vorpommern mit 69 Einwohnern pro Quadratkilometer.

Müller

↑

[2] Schön, schöner, Schwarzwald: Die Naturparks im Schwarzwald gehören zu den **beliebtesten Reisezielen** in Deutschland. Häufig besucht werden auch das Schloss Neuschwanstein, der Kölner Dom und die Loreley am Rhein.

↗

[5] Müller, Maier und Schulze zählen zu den **häufigsten Nachnamen** in Deutschland. Es gibt fast 700000 Müllers. Aber natürlich gibt es nur einen WM-Torschützenkönig namens Thomas Müller!

↗

STECKBRIEF

Einwohner: etwa 81 Millionen
Hauptstadt und größte Stadt: Berlin (3,4 Millionen Einwohner)
Kinder (bis 14 Jahren): etwa 10 Millionen
Pferde: rund 1 Million
Autos: 43 Millionen
Fußballvereine: 26000

Bayerns Hauptstadt München

[3] Bayern ist mit einer Fläche von 70550 Quadratkilometern **das größte** der 16 Bundesländer. Die Niederlande würden mit ihren 41500 Quadratkilometern fast zweimal hineinpassen.

←

[4] **Würste** aller Art gelten als typisch Deutsch. Doch wer die Wurst eigentlich erfunden hat, weiß keiner so genau. Sicher ist: Bereits die alten Ägypter verspeisten 5000 vor Christus Würste. Die alten Römer liebten Wurst aus Hirn, Ei, Wolfsmilch und Gewürzen. Jeder Deutsche isst heute fast 30 Kilogramm Wurst im Jahr.

Bundesländer-Quartett

Mit Bundesländern spielt man nicht! Wer sagt das eigentlich? Die wichtigsten Fakten der 16 Bundesländer als Quartettkarten zum Abkopieren, Ausschneiden und Spielen.

BADEN-WÜRTTEMBERG

Foto: Tübingen

Fläche: 35 751 km²
Einwohnerzahl: 10,6 Millionen
Bevölkerungsdichte: 297 Einwohner pro Quadratkilometer
Landeshauptstadt: Stuttgart
Einwohner der Landeshauptstadt: 600 000 Einwohner

BAYERN

Foto: Passau

Fläche: 70 550 km²
Einwohnerzahl: 12,6 Millionen
Bevölkerungsdichte: 179 Einwohner pro Quadratkilometer
Landeshauptstadt: München
Einwohner der Landeshauptstadt: 1,4 Millionen Einwohner

BERLIN

Foto: Alexanderplatz

Fläche: 892 km²
Einwohnerzahl: 3,4 Millionen
Bevölkerungsdichte: 3838 Einwohner pro Quadratkilometer
Landeshauptstadt: Berlin
Einwohner der Landeshauptstadt: 3,4 Millionen Einwohner

BRANDENBURG

Foto: Alter Markt in Potsdam

Fläche: 29 654 km²
Einwohnerzahl: 2,4 Millionen
Bevölkerungsdichte: 83 Einwohner pro Quadratkilometer
Landeshauptstadt: Potsdam
Einwohner der Landeshauptstadt: 161 000 Einwohner

BREMEN

Foto: Bremen

Fläche: 419 km²
Einwohnerzahl: 657 391
Bevölkerungsdichte: 1568 Einwohner pro Quadratkilometer
Landeshauptstadt: Bremen
Einwohner der Landeshauptstadt: 548 000 Einwohner

HAMBURG

Foto: Kleine Alster mit Rathaus

Fläche: 755 km²
Einwohnerzahl: 1,7 Millionen
Bevölkerungsdichte: 2312 Einwohner pro Quadratkilometer
Landeshauptstadt: Hamburg
Einwohner der Landeshauptstadt: 1,7 Millionen Einwohner

HESSEN

Foto: Paulskirche, Frankfurt

Fläche: 21 115 km²
Einwohnerzahl: 6 Millionen
Bevölkerungsdichte: 286 Einwohner pro Quadratkilometer
Landeshauptstadt: Wiesbaden
Einwohner der Landeshauptstadt: 273 000 Einwohner

MECKLENBURG-VORPOMMERN

Foto: Ostseebad Sellin

Fläche: 23 212 km²
Einwohnerzahl: 1,6 Millionen
Bevölkerungsdichte: 69 Einwohner pro Quadratkilometer
Landeshauptstadt: Schwerin
Einwohner der Landeshauptstadt: 92 000 Einwohner

NIEDERSACHSEN

Foto: Lüneburger Heide

Fläche: 47 614 km²
Einwohnerzahl: 7,8 Millionen
Bevölkerungsdichte: 164 Einwohner pro Quadratkilometer
Landeshauptstadt: Hannover
Einwohner der Landeshauptstadt: 518 000 Einwohner

NORDRHEIN-WESTFALEN

Foto: Düsseldorf

Fläche: 34 110 km²
Einwohnerzahl: 17,6 Millionen
Bevölkerungsdichte: 515 Einwohner pro Quadratkilometer
Landeshauptstadt: Düsseldorf
Einwohner der Landeshauptstadt: 600 000 Einwohner

RHEINLAND-PFALZ

Foto: Deutsches Eck, Koblenz

Fläche: 19 854 km²
Einwohnerzahl: 4 Millionen
Bevölkerungsdichte: 201 Einwohner pro Quadratkilometer
Landeshauptstadt: Mainz
Einwohner der Landeshauptstadt: 204 000 Einwohner

SAARLAND

Foto: Saarbrücken

Fläche: 2569 km²
Einwohnerzahl: 1 Million
Bevölkerungsdichte: 386 Einwohner pro Quadratkilometer
Landeshauptstadt: Saarbrücken
Einwohner der Landeshauptstadt: 177 000 Einwohner

SACHSEN

Foto: Semperoper in Dresden

Fläche: 18 420 km²
Einwohnerzahl: 4 Millionen
Bevölkerungsdichte: 220 Einwohner pro Quadratkilometer
Landeshauptstadt: Dresden
Einwohner der Landeshauptstadt: 530 000 Einwohner

SACHSEN-ANHALT

Foto: Quedlinburg

Fläche: 20 452 km²
Einwohnerzahl: 2,2 Millionen
Bevölkerungsdichte: 110 Einwohner pro Quadratkilometer
Landeshauptstadt: Magdeburg
Einwohner der Landeshauptstadt: 231 000 Einwohner

SCHLESWIG-HOLSTEIN

Foto: Leuchtturm Westerhever

Fläche: 15 800 km²
Einwohnerzahl: 2,8 Millionen
Bevölkerungsdichte: 178 Einwohner pro Quadratkilometer
Landeshauptstadt: Kiel
Einwohner der Landeshauptstadt: 241 000 Einwohner

THÜRINGEN

Foto: Dom und Severikirche Erfurt

Fläche: 16 173 km²
Einwohnerzahl: 2,2 Millionen
Bevölkerungsdichte: 134 Einwohner pro Quadratkilometer
Landeshauptstadt: Erfurt
Einwohner der Landeshauptstadt: 205 000 Einwohner

Was ist das Watt?

Millionen **Zugvögel** rasten im Frühling und im Herbst im Wattenmeer, dem vogelreichsten Gebiet Europas. Hier stärken sich die Vögel mit Wattwürmern, Muscheln, Schnecken und Krebsen für den anstrengenden Weiterflug.

Das Wattenmeer ist eine Wildnis, halb Meer, halb Wasser. Weil es das größte und faszinierendste seiner Art ist, hat die UNESCO es zum Weltnaturerbe erklärt. Damit gehört das Wattenmeer zu den 180 schönsten und schützenswertesten Landschaften der Welt.

Wattenmeer bezeichnet wörtlich „ein Meer, durch das man waten kann", weil es so flach ist. Doch Vorsicht, es gibt hier die **Gezeiten**: Je zweimal am Tag wechseln sich Ebbe und Flut ab. Bei Ebbe zieht sich das Wasser zurück, bei Flut überschwemmt es den Meeresboden. Wer im Watt umhergeht, muss deshalb die Uhrzeit im Blick haben und wissen, wann die Flut kommt.

Das Wattenmeer erstreckt sich über die Nordseeküste der Niederlande, Deutschlands und Dänemarks. Mit 450 Kilometer Länge und bis zu 40 Kilometer Breite ist es **das größte Wattenmeer** der Welt. Die Bundesländer Niedersachsen, Hamburg und Schleswig-Holstein haben ihren jeweiligen Anteil unter Schutz gestellt.

Kegelrobben sind die **größten Raubtiere** Deutschlands. Und sie sind nicht immer friedlich. Zur Paarungszeit scharen die bis zu 300 Kilo schweren Männchen bis zu sechs Weibchen um sich. Taucht ein junger Bulle auf, um dem Alten eine Kegelrobbendame abzuluchsen, wird gekämpft – manchmal fließt sogar Blut.

Land unter heißt es, wenn die **Halligen** von der Nordsee überspült werden, was mehrmals im Jahr vorkommen kann. Dann retten sich die Bewohner dieser kleinen Inseln in ihre Häuser. Sie sind auf Erdhügel, den Warften, gebaut und ragen immer aus dem Wasser.

Nützliche Drecksarbeit: Wattwürmer graben das Watt einmal im Jahr komplett um. Sie fressen den Sand und scheiden ihn wieder aus. Die Spaghetti-Häufchen, die du am Strand sehen kannst, das ist die Wattwurmkacke. Etwa 25 Kilo pro Wurm und Jahr kommen davon zusammen.

Gestatten, wir wohnen im Watt: Mehr als 10000 Tier- und Pflanzenarten leben im Wattenmeer: Alpenstrandläufer, Herzmuschel, Löffler, Strandbeifuß, Silbermöwe, Wattschnecke … Stopp! In diesem Atlas ist nicht genug Platz, sie alle aufzuzählen.

STECKBRIEF

Wie groß? Etwa 10000 km² Priele, Flachwasser, Sandbänke, Dünen und Salzwiesen.

Wie alt? Das Wattenmeer entstand vor etwa 10000 Jahren, nach der letzten Eiszeit.

Wo gibt es sonst noch Wattenmeer? Zum Beispiel am Ärmelkanal rund um den Mont-Saint-Michel im Atlantik oder an der Bay of Fundy in Kanada.

Was ist das Ruhrgebiet?

Einst war die Region das wichtigste Industriegebiet Deutschlands. Als Mitte des letzten Jahrhunderts die Kohle in die Krise geriet, setzte ein Wandel ein, der das Ruhrgebiet seither völlig veränderte.

Ruhr-Tour – Fördertürme, Hochöfen, Bergarbeitersiedlungen: Auf einer 400 Kilometer langen Rundtour kannst du die Zeugnisse der 150-jährigen Industriegeschichte des Ruhrgebiets erkunden, zum Beispiel den Landschaftspark Nord in Duisburg.

Landschaftspark Duisburg

Das Herz des Ruhrgebiets schlägt für **König Fußball**: Egal, ob Borussia Dortmund, Schalke 04, MSV Duisburg oder VFL Bochum – das Runde muss ins Eckige!

Bis in die 1960er-Jahre lebten die Menschen im Ruhrgebiet von der Industrie. Sie arbeiteten in Bergwerken, in der Eisen- und Stahlproduktion oder bauten Maschinen. Dann setzte **ein Zechensterben** ein. Immer mehr Bergwerke mussten schließen, weil ihre Kohle auf dem Weltmarkt zu teuer war. Der Stahlindustrie und dem Maschinenbau ging es bald ähnlich.

Protest gegen die Schließung einer Zeche

Vor etwa 300 Millionen Jahren bedeckten Sümpfe und Urwälder das heutige Ruhrgebiet. Es herrschte ein feuchtwarmes Klima. Diese Landschaft wurde häufig vom Meer überflutet und die Pflanzen starben ab. Schlick und Sand deckten die Pflanzenreste luftdicht ab und verhinderten die Verrottung ①. Immer neue Schichten wurden aufeinandergetürmt und der Druck presste die Pflanzenreste zusammen ②. Druck und Hitze verwandelten die Pflanzenreste schließlich in **Kohle** ③.

① ② ③

Grubenbahnen im Bergwerk wurden früher von **Pferden** durch die dunkeln, staubigen Stollen gezogen. Viele sahen nie das Tageslicht, denn sogar die Ställe waren unter Tage. Kein Wunder, dass viele Arbeitspferde krank wurden oder erblindeten. ←

Kultur statt Kohle: Das Ruhrgebiet ist heute eine der größten Kulturmetropolen weltweit. Auf 1712 Quadratkilometern gibt es 200 Museen, 120 Theater, 100 Konzerthallen, 19 Universitäten. Nur im Großraum von Los Angeles (USA) ist auf so kleinem Raum kulturell noch mehr los.

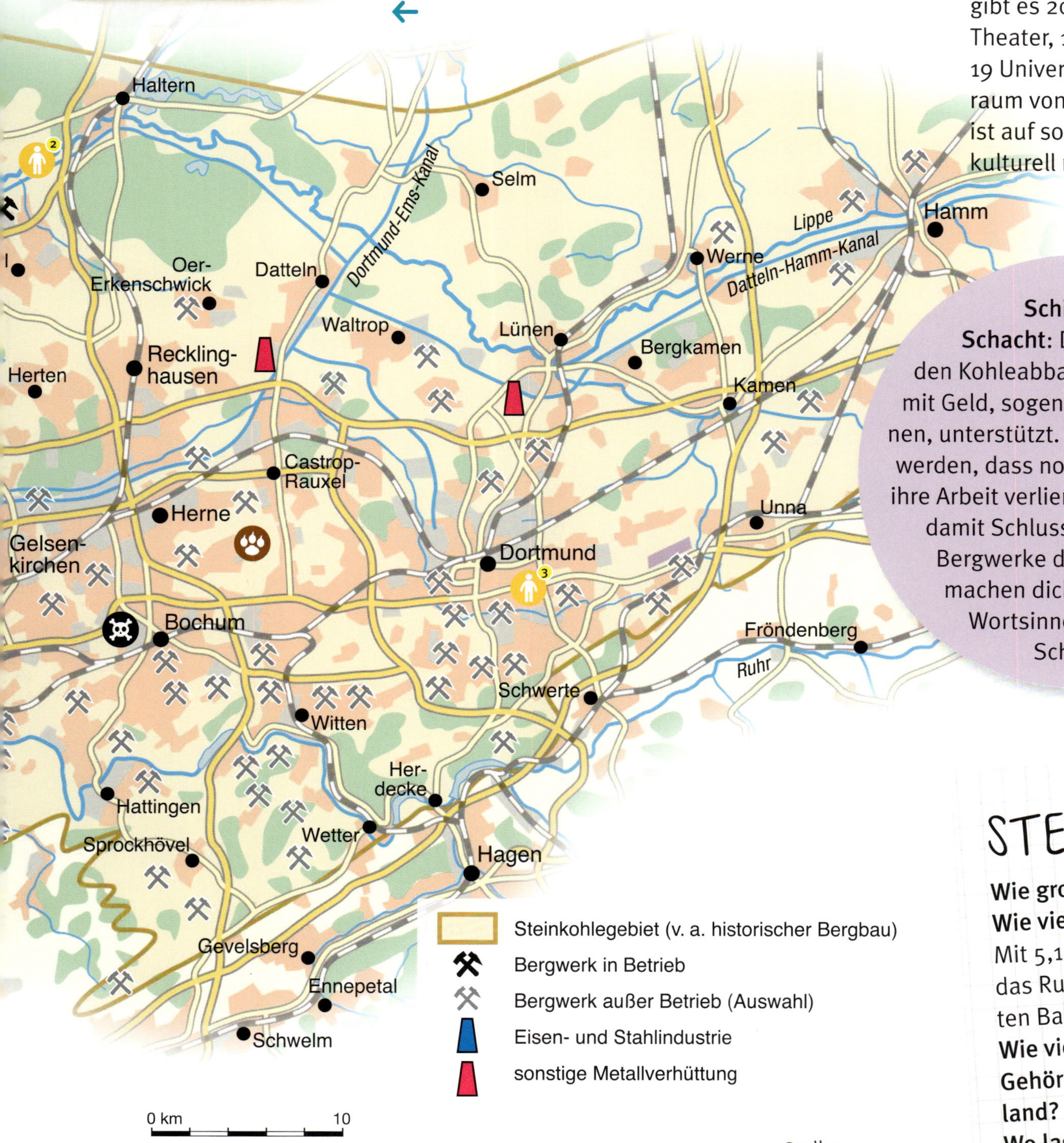

Schicht im Schacht: Der Staat hat den Kohleabbau jahrzehntelang mit Geld, sogenannten Subventionen, unterstützt. So sollte verhindert werden, dass noch mehr Menschen ihre Arbeit verlieren. Im Jahr 2018 ist damit Schluss und die letzten Bergwerke des Ruhrgebiets machen dicht. Dann ist im Wortsinne Schicht im Schacht.

STECKBRIEF

Wie groß? 4435 km²
Wie viele Menschen leben dort? Mit 5,1 Millionen Einwohnern ist das Ruhrgebiet eines der größten Ballungsgebiete in Europa.
Wie viele Städte? 53
Gehört zu welchem Bundesland? Nordrhein-Westfalen
Wo lagert sonst noch Steinkohle? Zum Beispiel im Saarland und im Zwickauer Revier in Sachsen.

Absackende Straßen, Risse in Häuserwänden! Das sind die **Folgen des Bergbaus**. Jahrhundertelang gruben die Menschen Tausende Stollen in die Erde, manche dieser Gänge wurden nicht gut gesichert. Deshalb rutschen heute manchmal Erdmassen in die ausgehöhlten Stollen und reißen ganze Häuser oder Autos mit. →

Ein eingebrochener Stollen hinterlässt einen Krater.

Was sind die Alpen?

In den Alpen kannst du im Sommer wandern und im Winter Snowboard fahren. Staunen kannst du immer: über tierische Kletterkünstler, bilderbuchschöne Blumen und die letzten Gletscher Deutschlands.

↗

Sanfte Hügel, grasende Kühe und klare Seen: Das ist das **Alpenvorland**. Die Gegend ist so hübsch, dass man sich kaum vorstellen kann, dass es gewaltige Kräfte waren, die sie einst geformt haben: Als die Alpen aufgefaltet wurden, senkte sich das Voralpenland ab. Während der Eiszeiten schoben sich dann mächtige Gletscher von den Alpen ins Tal. Die Eismassen schürften große Becken aus und formten diese Landschaft.

Wo heute die Alpen in den Himmel ragen, lag vor Millionen Jahren ein gigantisches Meer ①. Das **Gebirge entstand** erst im Laufe von Millionen Jahren. Wie? Die beiden Erdplatten, auf denen Europa und Afrika liegen, bewegten sich aufeinander zu und krachten dann gegeneinander ②. Der Meeresboden wurde zum Gebirge aufgefaltet. Darum kannst du in den Alpen versteinerte Meeresschnecken finden, die einst am Grund des Ozeans lebten.

↓

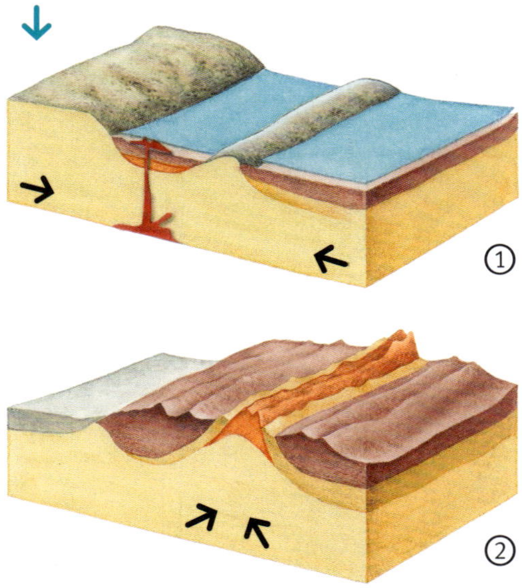

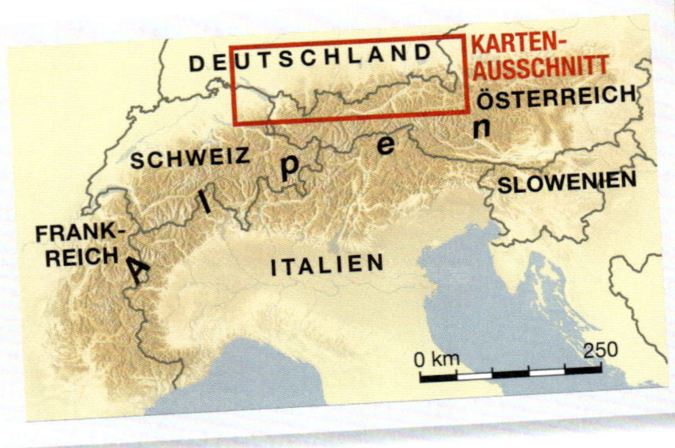

↑

Nur zwei Prozent der Fläche Deutschlands gehört zu den Alpen und zwar zum Bundesland Bayern. Bei unseren Nachbarn Schweiz und Österreich bedecken die Alpen jeweils etwa 40 Prozent der Landesfläche. Deutschland ist also eher **Flach- als Alpenland**.

↗

Steinböcke haben ihr Kletterzeug immer dabei: ihre Hufe! Damit springen sie leichtfüßig – oder besser leichthufig – von Fels zu Fels und erklimmen bis zu 3000 Meter hohe Berge.

Reste des Blaueisgletschers

Der **Klimawandel**, also die Erwärmung der Erde, lässt die Gletscher auf der ganzen Welt schmelzen. Die fünf Gletscher in den deutschen Alpen sind seit 1890 um ein Sechstel geschrumpft.

Das Jodeldiplom: Als es noch keine Handys gab, verständigten sich die Menschen in den Bergen mit Jodlern. Diese Sing-Technik ermöglicht Unterhaltungen über weite Entfernungen. Viele Orte in den bayerischen Alpen bieten heute Kurse an, in denen du ein Jodel-Diplom erwerben kannst: Holladiraidulljöh!

Den Winter verbringen **Murmeltiere** schlafend in ihrem Bau. Alle zwei bis vier Wochen stehen sie mal kurz auf, um aufs Klo zu gehen. Neben der Schlafhöhle haben die reinlichen Tiere vorsorglich Toilettengänge angelegt.

Nur bewundern: Das **Edelweiß** ist klein, flauschig und bilderbuchschön. Früher war es fast ausgerottet. Inzwischen steht es unter Schutz und breitet sich langsam wieder aus. Wenn du ein Edelweiß entdeckst, denk daran: nicht pflücken!

STECKBRIEF

Wie groß? Etwa 200 000 km^2
Wie hoch? Der 4810 Meter hohe Mont Blanc in den französischen Alpen ist der höchste Gipfel der Alpen.
Höchster deutscher Alpengipfel? Zugspitze (2962 Meter)
Andere hohe Gebirge in Europa? Zum Beispiel die Pyrenäen, die zu Frankreich, Spanien und Andorra gehören.

Benelux

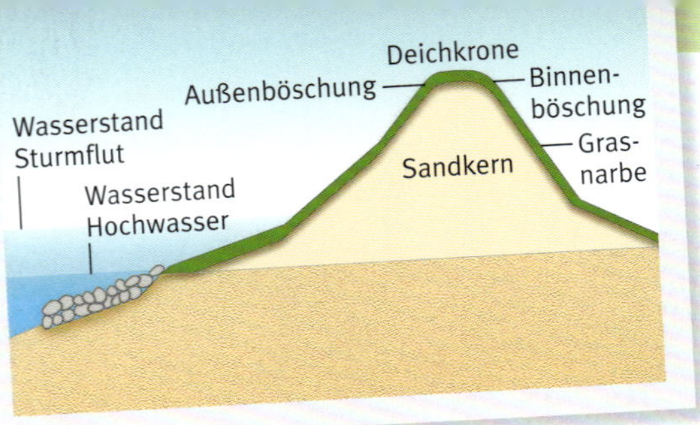

Belgien, die Niederlande und Luxemburg werden oft nur die Be-Ne-Lux-Staaten genannt. Die Küstenbereiche von Belgien und den Niederlanden sind sehr flach, einige Gebiete liegen sogar unter dem Meeresspiegel. Im Süden von Belgien erstrecken sich die Ardennen, ein Mittelgebirge. Sie reichen bis in das zweitkleinste Land der EU hinein: Luxemburg.

↑ 1 **Trockene Füße?** Gut, dass 3 000 Kilometer lange Deiche die Niederlande vor dem Wasser der Nordsee schützen. Denn ein Viertel des Landes liegt unterhalb des Meeresspiegels.

Comic auf einer Brüsseler Hauswand

↑ 1 In Belgien sind die **Comics** zuhause: Tim und Struppi, Lucky Luke und die Schlümpfe wurden dort erdacht. In der Hauptstadt Brüssel kannst du sogar die Fachrichtung „Comic" an der Kunsthochschule studieren.

2 Wo ist ein pinkelnder Junge ein Held? In der belgischen Hauptstadt Brüssel. **„Manneken Pis"** steht pieselnd auf einem Brunnen. Der 61 Zentimeter kleine Knabe aus Bronze wird zu besonderen Anlässen sogar verkleidet. →

Wer hat die Pommes erfunden?

Darüber streiten Franzosen und Belgier schon lange. „Pommes de terres frites" bedeutet so viel wie „gebackene Erdäpfel". Inzwischen ist man sich einig, dass die Pommes von den Belgiern erfunden wurden. Gerne essen sie Muscheln dazu: Moules-Frites.

Höchster Punkt:
Botrange im Hohen Venn in Belgien (694 Meter)

Tulpen-Fieber! Tulpen stammen ursprünglich aus Persien und kamen im 16. Jahrhundert über die Türkei in die Niederlande. Die Blumen wurden schnell sehr beliebt. Mit ihnen wurde gehandelt und spekuliert wie heute mit Aktien. Dann stürzten die Tulpenpreise ab und lösten eine Finanzkrise aus. Heute sind die Niederländer immer noch verrückt nach Tulpen. Etwa drei Milliarden werden jedes Jahr produziert.

Klompen an den Füßen: Früher trugen viele Landarbeiter in den Niederlanden Klompen (deutsch: Holzschuhe). Sie hielten die Füße auch auf dem feuchten Acker warm und trocken. Heute sind Clogs auch bei der Jugend in der Stadt beliebt.

Eine Stadt auf Pfählen: Amsterdam steht auf 11 Millionen Holzpfählen. Die Bohlen sind in einer sandigen Schicht fixiert, die im Durchschnitt elf Meter tief ist. Die Altstadt wird von 165 Kanälen, den Grachten, durchzogen. Entlang der Grachten stehen viele schmale Handelshäuser.

Burgen und Schlösser! Das kleine Land Luxemburg ist berühmt für seine Burgen und Schlösser. Die Festung Luxemburg thront über der Altstadt. Sie ist eine der bekanntesten Wehranlagen der Welt und gehört zum Weltkulturerbe der UNESCO. In den 23 Kilometer langen Geheimgängen kannst du herumstromern.

Hier herrscht der Herzog: Luxemburg ist das einzige Großherzogtum der Welt. Dort regiert nicht etwa ein König oder eine Königin, sondern ein Herzog. Der darf aber nicht alles allein entscheiden, sondern muss sich an die Gesetze halten, die von den gewählten Politikern des Landes gemacht wurden.

Polen, Tschechien, Slowakei, Ungarn

Die ganze Welt war bis zum Ende des Kalten Krieges 1989/1990 in zwei Lager gespalten. Den Westblock, der von den USA angeführt wurde und zu dem die BRD gehörte. Und in den Ostblock, dessen „Chef“ die UdSSR war. Die Länder, die du hier siehst, gehörten zum Ostblock. Heute sind alle in der Europäischen Union – und sind somit ins Zentrum Europas gerückt.

Die goldene Stadt: Prag ist wohl eine der schönsten Städte Europas. Die tschechische Hauptstadt mit den vielen goldglänzenden Dächern liegt beiderseits der Moldau. Du kannst dort den Hradschin besteigen und eine der größten Burgen der Welt erkunden, die Karlsburg.

Grusel in der Kirche: Knöchernen Wandschmuck kannst du in einer Kapelle in der tschechischen Stadt **Kutná Hora** bewundern. Die Gebeine von etwa 40 000 Menschen „schmücken“ die Wände der Kirche.

Spiel den Puck! Die Tschechoslowakei stellte bei Weltmeisterschaften und Olympischen Winterspielen häufig eine der besten Eishockeymannschaften der Welt. Seit 1993 sind die Länder Tschechien und Slowakei unabhängig. Doch was bleibt, ist ihre **Liebe zum Eishockey**. Das schnelle Spiel mit Schläger und Puck ist in den beiden Ländern noch beliebter als Fußball.

Hitzige Hauptstadt: In der ungarischen Hauptstadt **Budapest** gibt es viele heiße Quellen – mehr als in jeder anderen Hauptstadt der Welt. Täglich sprudeln 70 Millionen Liter Thermalwasser an die Oberfläche. Von einem Stadtbummel kannst du dich also in einem der vielen Thermalbäder erholen.

Höchster Punkt:
Gerlsdorfer Spitze in der Slowakei (2654 Meter)

Logisch, die Erde dreht sich um die Sonne, das weiß heute jeder. Doch im 16. Jahrhundert war dieser Gedanke revolutionär. Der polnische Astronom **Nikolaus Kopernikus** (1473 bis 1543) war der Erste, der diese Theorie entwickelte.

Lecker!
Piroggen sehen aus wie große Ravioli. Die Teigtaschen sind ein Nationalgericht in Polen. Sie gibt es in unzähligen Varianten: gefüllt mit Quark, mit Käse, mit Fleisch oder mit Beeren.

Das kleinste Hochgebirge Europas: Die Hohe Tatra ist Teil des Karpatenbogens und das kleinste Hochgebirge Europas. Ein Paradies für Wildtiere wie Gämsen, Luchse, Murmeltiere und Braunbären.

Im Osten Ungarns liegt eine weite, fast baumlose Steppe, **die Puszta.** Ungarische Hirten hüten hier seit Jahrhunderten ihre Schaf- und Rinderherden zu Pferde. Sie haben eine eigene Reittechnik entwickelt, den Puszta-Fünfer. Der Reiter steht auf dem Rücken der beiden hinteren Pferde und lenkt so das ganze Gespann.

Osteuropa

Alle Länder, die du auf dieser Karte siehst – außer Rumänien und Bulgarien – gehörten während des Kalten Krieges zur Sowjetunion. Im Jahr 1991 zerbrach dieser riesige Staatenverbund. Estland, Lettland, Litauen, Weißrussland, Ukraine und Moldawien erklärten ihre Unabhängigkeit.

Mister Stoßzahn: Walrosse sind Robben, die in den kalten Meeren der Nordhalbkugel leben, auch in der Barentssee vor Russland. Typisch für **Walrosse** sind ihre langen Stoßzähne. Manchmal verteidigen sie sich mit diesen enormen Hauern gegen angriffslustige Eisbären.

Mit dem Auto übers Meer fahren: Die Winter an der Ostsee sind meist bitterkalt. Wenn die Eisschicht 25 Zentimeter dick ist, dürfen Autos auf der längsten Eisstraße der Welt fahr-schlittern: über die zugefrorene Ostsee von der Insel Hiiumaa zum Festland.

Die Singende Revolution: Im August 1989 bildeten zwei Millionen Menschen aus Estland, Lettland und Litauen eine 600 Kilometer lange Menschenkette: von Vilnius über Riga nach Tallinn. Sie sangen verbotene Volkslieder – und forderten so die Unabhängigkeit von der Sowjetunion.

Wo geht es nach Kaliningrad? Um von Russland ins ebenfalls russische Kaliningrad zu gelangen, muss man auf dem Landweg mindestens zwei Länder durchqueren. Kaliningrad ist die westlichste Großstadt Russlands.

Die Christ-Erlöser-Kathedrale, Kaliningrad

Der Borschtsch-Gürtel: In vielen Ländern Osteuropas essen die Leute gerne Borschtsch, das ist ein Eintopf mit Rote Bete, Schmand und frischen Kräutern. Vor allem in der Ukraine, in Weißrussland und Russland wird diese Suppe gerne serviert. Man nennt diese Ländergruppe deshalb auch scherzhaft den „Borschtsch-Gürtel".

Wer dudelt denn da? Sind das etwa Schotten? Nein, Bulgaren. Denn auch in Osteuropa spielen die Menschen auf einer Art Dudelsack, der Gajda genannt wird.

Die große Katastrophe: 1986 explodierte auf dem Gebiet der heutigen Ukraine ein Atomreaktor im **Kernkraftwerk Tschernobyl**. Eine große Menge Radioaktivität wurde freigesetzt. Die gefährlichen radioaktiven Teilchen verseuchten die Böden, brachten Krankheit und Tod. Noch heute leiden die Menschen in der Ukraine und in Weißrussland unter den Folgen der Katastrophe.

Der Unglücksreaktor liegt heute unter einem dicken Mantel aus Stahlbeton

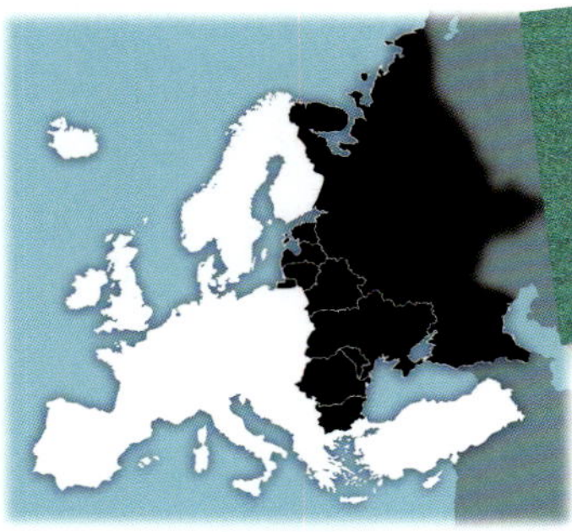

Länderanzahl: 9

Bevölkerung: 231,9 Millionen

So ein Pech!
Moldawien ist stellenweise nur wenige Kilometer vom Schwarzen Meer entfernt. Einen Zugang zum Strand haben die Moldawier aber nicht. Es liegt immer ein Stückchen Ukraine zwischen ihnen und dem Meer.

ZUM KNOBELN!

1. Welche Länder in Osteuropa haben keinen Zugang zu einem Meer?
2. Wie heißt die Hauptstadt Moldawiens?
3. Die Hauptstädte welcher Länder liegen an der Ostsee?
4. Wie viele Millionenstädte gibt es – neben Moskau – im europäischen Teil von Russland?

Das Baltikum

Willkommen im Baltikum: In Estland, Lettland und Litauen kannst du kilometerweit an einsamen Ostseestränden spazieren, durch ausgedehnte Moore, Wälder und Wiesen stromern und in unzähligen Seen baden.

Land der Inseln: In **Estland** gibt es mehr als 1500 Inseln, die meisten werden von Vögeln und Robben bewohnt. Nur auf wenigen dieser Eilande leben Menschen. Die beliebtesten und größten heißen Saaremaa, Hiiumaa und Muhu.

Der Leuchtturm von Tahkuna auf Hiiumaa

Der Hauptkrater hat sich mit Wasser gefüllt.

Kawumm! Estland ist anziehend. Nicht nur für Touristen. Auch für **Meteoriten**. Es gibt wohl kaum ein anderes Land auf der Welt, in dem so viele Besucher aus dem All eingeschlagen sind. Bei Kaali nahe der Stadt Kuressaare kann man ein Kraterfeld besichtigen.

Alles Kümmel-Käse oder was? Ja, jedenfalls beim **Johannisfest** in Lettland. Dort feiern die Menschen den längsten Tag des Jahres mit Kümmelkäse. Vielleicht hoffen die Letten, dass das nächste Jahr dann besser verdaulich wird? Zu dieser Feier tragen die Letten **Kränze aus Kräutern und Blumen** und entzünden Johannisfeuer. →

Die Sahara Litauens: Die **Kurische Nehrung** sieht vom Weltall betrachtet aus wie ein dünner Strich vor der Küste Litauens und Kaliningrads. Die Landzunge ist 98 Kilometer lang und trennt das Kurische Haff von der Ostsee. Hier kannst du eine der größten Dünen Europas erklimmen. Der Spitzname dieser Gegend lautet Sahara Litauens.

↓

„Labdien! Ka tev iet"? Das ist **lettisch** und heißt „Guten Tag! Wie geht's?" Die lettische Sprache gehört zu den ältesten Sprachen Europas. Ein Wunder, dass sie überlebt hat. Schließlich wurden die Letten viele Jahrhunderte von anderen Mächten beherrscht, zuletzt von der Sowjetunion.

Höchster Punkt:
Suur Munamägi (318 Meter)
in Estland

E-Estland: Estland ist ein Paradies für **Internet-Fans**. Hier gibt es mehr Internet-anschlüsse pro Einwohner als irgendwo sonst.

Ich geh schaukeln! Schaukeln ist in Estland kein Kinderspiel, sondern Extremsport, den man dort **„Kiiking“** nennt. „Kiik“ ist est-nisch und bedeutet Schaukel. Damit man nicht herunterfällt, wird man an Händen und Füßen an den Riesenschaukeln ange-bunden. Nun heißt es Schwung holen und im Stehen schaukeln, bis man sich in sieben Meter Höhe überschlägt.

Bärengulasch?
In Estland gibt es sehr viele Braunbären. Weil sie nicht geschützt sind, dürfen Jäger sie schießen. Deshalb kannst du in manchen Lokalen in Estland mariniertes Bären-fleisch bestellen – zum Entsetzen von Tier-schützern!

So groß wie hoch: Vilnius, die Hauptstadt von Litauen, ist flächenmäßig die größte Stadt des Baltikums. Hier steht auch der **Europa Tower** (gesprochen: Tauer), das höchste Hochhaus der baltischen Länder.

Dicke Nase, majestätisches Geweih: Elche sind die größten Hirsche der Welt. Du triffst sie in freier Wildbahn nicht nur in Skandinavien, sondern auch im Baltikum. Die Männchen werfen im Winter ihre 20 Kilo-gramm schweren Geweihe ab. Mit viel Glück kannst du den imposanten tierischen Kopfschmuck beim Spazier-gang in den Wäldern des Baltikums entdecken.

Russland

Russland ist das größte Land der Welt – es ist fast so riesig wie der Zwergplanet Pluto. In diesem Staat im äußersten Osten Europas gibt es mehr Zeitzonen als in jedem anderen Land – nämlich elf. Russland erstreckt sich über zwei Kontinente, Europa und Asien. In diesem Europa-Atlas ist nur der europäische Teil abgebildet.

Die Eremitage ist eines der größten Museen der Welt.

Tierische Museumswärter: Die Eremitage in St. Petersburg birgt den vermutlich größten Kunstschatz der Welt. In diesem Museum hängen 60 000 wertvolle Gemälde, die von tierischen Museumswärtern beschützt werden: Etwa 50 Katzen halten das Gebäude frei von Mäusen und Ratten.

Russen im Weltall: Der erste Mensch im All war ein Russe, **Juri Gagarin**. Der Kosmonaut flog am 12. April 1961 mit dem Raumschiff „Wostock" (Deutsch: Osten) in einer Stunde und 46 Minuten einmal um die Erde. Vier Jahre vor ihm war schon mal ein Russe im All. Oder besser gesagt eine Russin: Die Hündin **Laika** wurde mit dem Sputnik 2 in die Umlaufbahn der Erde geschickt.

Das Grenzgebirge: Der **Ural** trennt den europäischen Teil Russlands vom asiatischen. Das Gebirge erstreckt sich über 2 400 Kilometer und ist ein Paradies für seltene Tiere wie Wölfe und Bären. Und auch für Desmane, Verwandte des Maulwurfs. Witzig ist, wie sie mit ihren langen Nasen im Wasser herum rüsseln, um nach leckeren Muscheln, Krebsen und Fischen zu suchen. →

Höchster Punkt: Elbrus (5 642 Meter) im Kaukasus

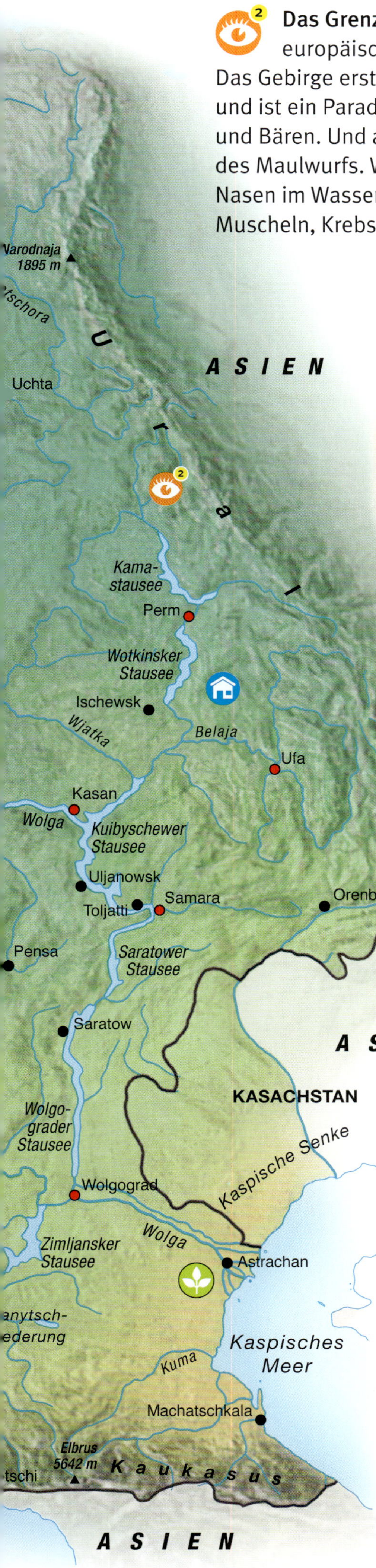

Tierischer Schnüffler: der russische Desman

←

Auf die Mütze, fertig, los! In Russland herrscht in den meisten Gegenden kontinentales Klima – im Sommer ist es sehr heiß, im Winter eiskalt. In den kalten Monaten brauchen die Menschen was auf die Ohren. Am besten eine **Uschanka**, eine Pelzmütze mit Ohrklappen. Diese Kopfbedeckungen trugen ursprünglich die Soldaten im Krieg. Heute stolzieren auch in New York und Berlin junge Leute mit Uschankas durch die Straßen.

Der längste Fluss Europas: Die Wolga ist mit 3530 Kilometern der längste Strom des Kontinents und fließt doch nur durch ein Land: Russland. 120 Kilometer vor der Mündung ins Kaspische Meer verzweigt sich **die Wolga** in vier große, dann in 800 kleinere Kanäle. In diesem Flussdelta leben ungewöhnlich viele Vogelarten, etwa Bienenfresser, Flamingos und Seeadler. →

Bienenfresser

Paläste fürs Volk! U-Bahn-Fahren ist wahrscheinlich nirgendwo schöner als in **Moskau**. Denn in der Metro der russischen Hauptstadt sind die Wartehallen mit Stuck verziert, Gemälde schmücken die Wände, von den Decken hängen prächtige Kronleuchter. Knapp 2,4 Milliarden Fahrgäste befördert die Metro jährlich! Jeder dritte Bewohner der Erde könnte also einmal im Jahr mitfahren. →

Weißrussland, Ukraine, Moldawien, Rumänien, Bulgarien

In diesen Ländern Osteuropas kannst du den Białowieża-Urwald, die Pripjatsümpfe, die Karpaten und das Schwarze Meer entdecken. Die Reise lohnt sich. Versprochen!

Europas letzter Urwald: Im Nationalpark Białowieża, der zu Polen und Weißrussland gehört, wachsen nicht nur uralte Bäume in den Himmel. Hier leben auch Wisente. Dieses Wildrind wird bis zu 1 000 Kilo schwer. ↓

Land der Kirchen: In den rumänischen **Karpaten** sieht es ein bisschen aus wie in einem Märchenland. Vor allem in der Region Maramureș, dort kannst du viele Holzkirchen besuchen. Sie stehen seit 1999 auf der Liste des UNESCO-Weltkulturerbes. →

↑

Riesenhütte: Der Parlamentspalast in der rumänischen Hauptstadt **Bukarest** ist eines der größten Gebäude der Welt. Der rumänische Diktator Nikolae Ceaușescu ließ den Prunkbau zwischen 1984 und 1989 errichten. Er hat mehr als 3 000 Räume und ist 364 400 Quadratmeter groß, damit ist er nur wenig kleiner als der gesamte Vatikanstaat.

↑

Im Tal der Rosen: Im Norden des Balkangebirges liegt das „Tal der Rosen". Auf riesigen Feldern blühen weiße, rosa und rote Rosen. Aus den Blütenblättern wird kostbares Rosenöl gemacht. Es wird als Duftöl für Parfüme verwendet.

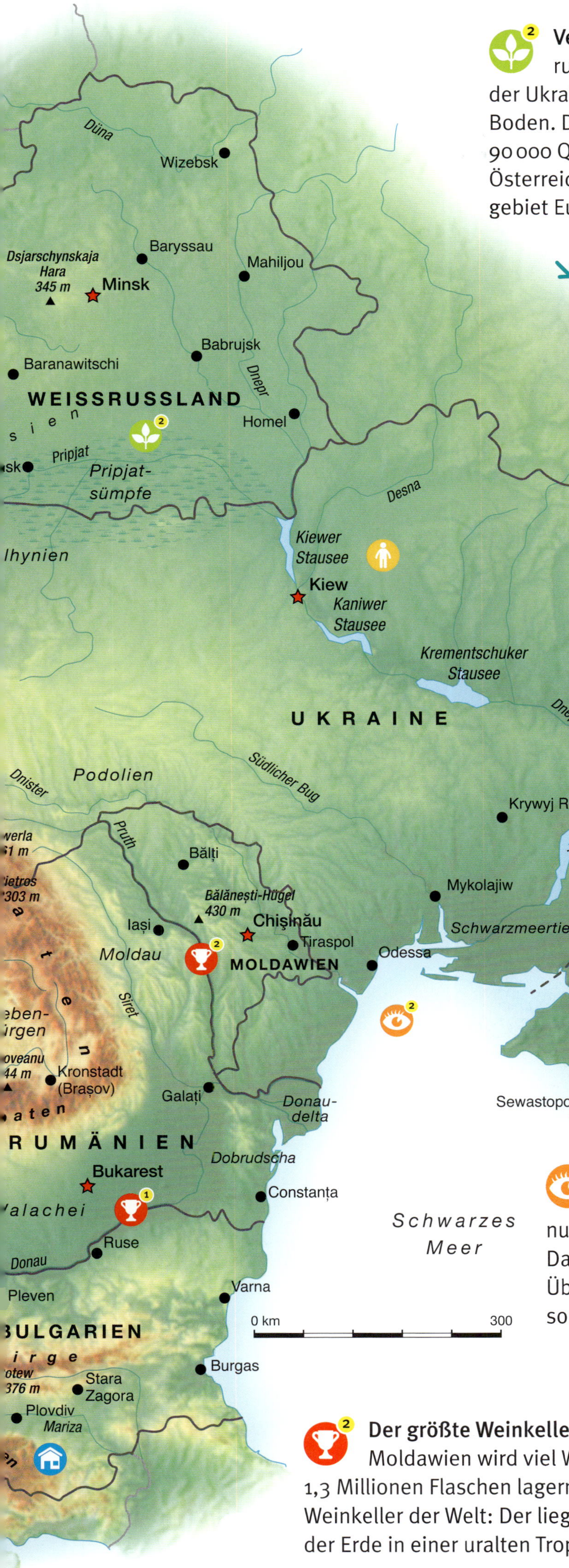

Versumpft: Im Süden Weißrusslands und im Nordwesten der Ukraine gehst du nicht auf festem Boden. Die **Pripjatsümpfe** sind mit 90 000 Quadratkilometern größer als Österreich und das größte Sumpfgebiet Europas.

Höchster Punkt:
Musala (2925 Meter) in Bulgarien

Die Spinnen an Weihnachten!
Die Menschen in der Ukraine glauben, dass es Glück bringe, wenn man am Weihnachtsmorgen eine Spinne oder ein Spinnennetz entdeckt. Kein Wunder, dass die Leute sich künstliche Spinnen in den Christbaum hängen.

Schwarzes Meer so blau!
Das Schwarze Meer ist ein Binnenmeer, das nur über zwei Meerengen, den Bosporus und die Dardanellen, mit dem Mittelmeer verbunden ist. Übrigens: Das Schwarze Meer ist gar nicht schwarz, sondern wie die anderen Meere meistens blau.

Der größte Weinkeller der Welt: In Moldawien wird viel Wein angebaut. 1,3 Millionen Flaschen lagern im größten Weinkeller der Welt: Der liegt 90 Meter unter der Erde in einer uralten Tropfsteinhöhle.

Südosteuropa

Entdecke die Länder rund um das östliche Mittelmeer! Du kannst dort an wunderschönen Stränden toben, im klaren Wasser schnorcheln und die Geburtsstätte der Demokratie erkunden.

Die weiße Stadt: Belgrad, die Hauptstadt Serbiens, ist eine der ältesten Hauptstädte Europas. Das Stadtgebiet wurde bereits im 3. Jahrhundert vor Christus besiedelt. Der Name Belgrad ist Serbisch und heißt so viel wie „weiße Stadt".

Im ehemaligen Jugoslawien hat der Krieg Spuren hinterlassen.

Aus einem werden sieben! Es war einmal ein Staat, der hieß Jugoslawien. Es war ein sozialistischer Vielvölkerstaat, der mit der Sowjetunion befreundet war. Mit dem Ende des Kalten Krieges brachen schlimme Konflikte zwischen den unterschiedlichen Volksgruppen aus, die dort lebten. Mehrere Kriege führten dazu, dass das Land in sieben unabhängige Staaten zerfiel: Slowenien, Bosnien und Herzegowina, Serbien, Montenegro, Mazedonien, Kroatien und Kosovo.

Arm, Ärmer, Albanien: Albanien gehört zu den ärmsten Ländern in Europa. Viele Kinder können nicht zur Schule gehen. Sie helfen ihren Eltern bei der Feldarbeit, arbeiten als Straßenverkäufer oder müssen sogar betteln. Weil viele Menschen keine Arbeit finden, wandern sie aus. Kein Wunder, dass mehr Albaner im Ausland leben als im Land selbst.

Tirana, Hauptstadt Albaniens

Die Herrschaft des Volkes: Die alten Griechen gelten als Erfinder der Demokratie, also der Herrschaft des Volkes. Sie hielten nicht viel von Königen, Kaisern und anderen Alleinherrschern. Überall sonst in der Welt lag die Macht damals in den Händen einer Person. Was für uns heute selbstverständlich ist, war in der Antike etwas vollkommen Neues.

Die kleine Schlafmaus als Festschmaus: Sein Name ist Programm: Der Siebenschläfer ist eine echte Schlafmütze. Er legt sich in der kalten Jahreszeit mindestens sieben Monate zur Ruhe. Davor muss er sich viel Winterspeck anfuttern: Früchte und Nüsse mag er am liebsten. Blöd nur, dass er selbst auch als Spezialität gilt. Schon die alten Römer verspeisten Siebenschäfer. Bis heute gelten sie in Slowenien als Spezialität. In Deutschland stehen die süßen Nager zum Glück unter Naturschutz.

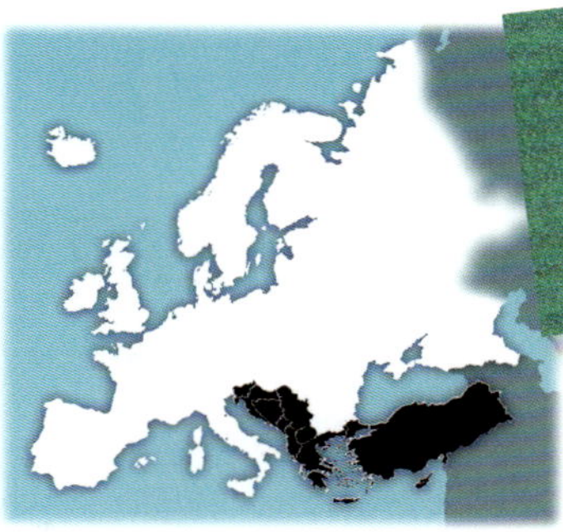

Länderanzahl: 11
Bevölkerung: 113,56 Millionen

Wie zu Zeiten der Dinosaurier: Im Schutz der Dunkelheit robben Meeresschildkröten an einsame Strände im Mittelmeer, um ihre Eier tief im Sand zu vergraben. So machen es diese Reptilien seit Millionen Jahren, denn ihre Vorfahren lebten schon zu Zeiten der Dinosaurier. Touristen können dabei zusehen, zum Beispiel am „Alagadi Turtle Beach“ in Nordzypern. Nach etwa 60 Tagen schlüpfen Baby-Schildkröten und watscheln zum Meer. Die Tiere verbringen nämlich die meiste Zeit ihres Lebens im Wasser.

Geteiltes Land, geteilte Hauptstadt! Zypern ist nach Sizilien und Sardinien die drittgrößte Insel im Mittelmeer. Seit 1974 ist das Land geteilt, in den griechischen Süden und den türkischen Norden. Mitten durch die Hauptstadt Nikosia verläuft die Grenze. Der südliche, griechische Teil gehört zur Europäischen Union. Der nördliche Teil, die Türkische Republik Nordzypern, ist von der internationalen Staatengemeinschaft nicht anerkannt.

ZUM KNOBELN!

1. Wie viele Millionenstädte gibt es in der Türkei – außer Ankara?
2. Wie heißt das einzige Land in Südosteuropa, das in einen Südteil und einen Nordteil geteilt ist?
3. Welches Land hat Zugang zum Schwarzen Meer?

Grenzturm in Nikosia

Westlicher Balkan

Die Länder Slowenien, Bosnien und Herzegowina, Serbien, Montenegro, Mazedonien, Albanien, Kroatien und Kosovo werden auch als westliche Balkan-Staaten bezeichnet. In den 1990er-Jahren haben sich die Menschen dieser Region schrecklich bekriegt. Heute herrscht zum Glück Frieden. Komm mit auf eine spannende Reise!

Schnüffeln nach Trüffeln: Schweine und Hunde sind die besten Trüffeljäger, sie erschnüffeln den knolligen Edelpilz, der unter der Erde wächst. Bei Buje in der Region Istrien in Kroatien wurde einer der größten Trüffel der Welt gefunden: 1,3 Kilogramm schwer.

Hunde mit Tupfen: Wo liegt die Heimat der getüpfelten Dalmatiner? Richtig! In Kroatien, an der dalmatinischen Küste. Wusstest du, dass diese süßen Hunde bei ihrer Geburt ganz weiß sind und erst später schwarze Flecken bekommen?

Der Schatz im Silber- äh im Plitvitzer-See: Viele Szenen der Winnetou-Filme wurden im ehemaligen Jugoslawien gedreht, zum Beispiel an den Plitvitzer Seen. Witzig ist, dass im Film so aus dem sozialistischen Osten der wilde amerikanische Westen wurde.

Die Brücke der Hoffnung! 1993 wurde im Bosnien-Krieg die 500 Jahre alte Steinbrücke „Stari Most" in der Stadt Mostar, die über den Fluss Neretva führt, zerstört. Sie verband über 400 Jahre lang den bosniakisch geprägten Ostteil mit dem kroatisch geprägten Westteil der Stadt. Nach dem Krieg wurde die Brücke mithilfe der UNO wieder aufgebaut.

Mammut in Serbien! Im serbischen Kostolac, etwa 70 Kilometer östlich von Belgrad, haben Forscher ein nahezu perfektes Skelett eines Mammuts gefunden. Sie haben es Vika getauft. Das Tier war vermutlich vier Meter groß, sechseinhalb Meter lang, wog etwa zehn Tonnen und lebte vor etwa einer Million Jahren auf dem Gebiet, das heute Serbien heißt.

So könnte Vika zu Lebzeiten ausgesehen haben.

Höchster Punkt:
Der Triglav (2 864 Meter) in Slowenien

Schnurrbart, Schnauzer, Oberlippenbart! Wer braucht 27 unterschiedliche Wörter für Schnauzer? Die Albaner! Das Albanische kennt übrigens ebenso viele Begriffe für Augenbrauen. In Albanien scheint die Liebe zur Gesichtsbehaarung groß zu sein.

In Deckung! Albanien ist etwa so groß wie Brandenburg und hat 2,8 Millionen Einwohner. Albaniens ehemaliger kommunistischer Diktator Enver Hoxha hatte Angst vor einem ausländischen Angriff und ließ während des Kalten Krieges mehr als 700 000 pilzförmige Bunker bauen. Er hätte sein ganzes Volk darin verschwinden lassen können, denn in einem Schutzraum sollten vier Leute Platz finden. Heute werden die Bunker als Restaurants, Bars oder Notunterkünfte für Obdachlose genutzt.

Das Mazedonische Meer: Der Ohridsee ist der größte See Mazedoniens und eines der ältesten Binnengewässer der Welt. Der See wurde von der UNESCO zum schützenswerten Weltnaturerbe erklärt, weil dort mehr als 200 Tierarten leben, die es sonst nirgendwo gibt.

Griechenland, Zypern, Türkei

Hier trifft Europa auf Asien: Nur ein ganz kleiner Teil der Türkei im Westen, Thrakien genannt, gehört zu Europa – der östliche Teil und die Insel Zypern liegen in Asien. Spannend ist, dass wohl in keiner anderen Weltgegend so viel Geschichte geschrieben wurde: Vor 9 000 Jahren wurde in Çatalhöyük in der heutigen Türkei die erste Stadt der Welt gebaut.

Hühnerbrust-Pudding: Die türkische Küche ist eine der vielfältigsten der Welt: Du kennst Kebab, Köfte, Ayran, Halva ... Mmhhh, sehr lecker. Fortgeschrittene können Tavuk Göğsü probieren. Aber Achtung! Dieser süße Nachtisch ist nichts für Vegetarier. Er enthält Hähnchenbrust.

Geheimnisvolles Santorin: Santorin, im Süden der Kykladen, ist die vielleicht geheimnisvollste der etwa 3 000 Inseln Griechenlands. Die Mitte der Vulkaninsel versank nach einem gewaltigen Ausbruch vor mehr als 3 500 Jahren im Meer. Übrig blieb ein halbkreisförmiger Felsbogen – der Rand des Vulkankraters. Der Legende nach liegt hier das sagenhafte Atlantis.

Die Bücherei von Ephesos: In Ephesos, in der heutigen Westtürkei, stand einst ein Prachtbau aus Marmor: der Tempel der Artemis. Die Stadt Ephesos gehörte zum Römischen Reich und zählt zu den sieben antiken Weltwundern. Damals war Ephesos eine blühende Großstadt. Sogar eine zweistöckige, öffentliche Bücherei gab es, die Celsus-Bibliothek.

Fassade der Celsus-Bibliothek

Ein Tempel für die Göttin: Der Felsen hoch über der Stadt Athen heißt Akropolis. Eines der berühmtesten Bauwerke der Welt ist nach ihm benannt: die Tempelanlage Akropolis. Der größte Tempel ist der Parthenon. Er wurde vor knapp 2 500 Jahren errichtet – zu Ehren der Göttin Athena.

Die erste Stadt: Die meisten Menschen ziehen im Jahr 7000 vor Christus noch als Jäger und Sammler umher. Doch in den Bergen der heutigen Türkei entsteht die wohl erste Metropole der Welt: Çatalhöyük (sprich: Tschatalhöjük). Bis zu 8 000 Menschen leben hier, in Lehmhäusern, die sie dicht an dicht bauten.

Höchster Punkt:
Der Ararat (5 137 Meter) in der Türkei

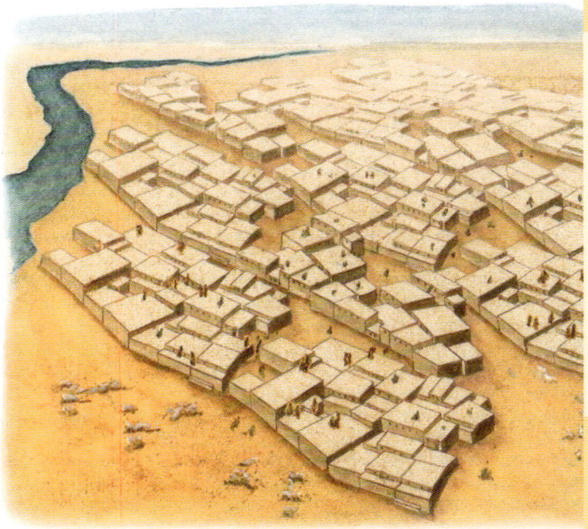

Märchenland Kappadokien: Schon der Name klingt bezaubernd: Kappadokien! Es gibt dort Felsen, die wie Pilze aussehen. Die Bewohner nennen sie „Feenkamine". Die einzigartige Landschaft in der Zentraltürkei ist aus weichem Tuffgestein. Wind und Wasser haben daraus diese bizarre Felsenlandschaft geformt. Bereits die Menschen in der Steinzeit haben in Kappadokien in Höhlen gelebt.

Kuschelkatze: Die flauschigen Angorakatzen mit dem halblangen Fell stammen vermutlich aus dem Gebiet um Ankara in Kleinasien, der heutigen Türkei, wo sie als Hauskatzen gehalten wurden.

Hinab zum künstlichen Riff: 1980 ging das schwedische Schiff Zenobia vor der Küste Zyperns unter. Heute ist das Wrack ein künstliches Riff – und ein Paradies für Fische und Taucher. Die gesunkene Fähre ist eines der größten Wracks der Welt, zu dem man tauchen kann.

Südwesteuropa

Die Länder auf dieser Karte gehören zu den beliebtesten Urlaubszielen in Europa. Kein Wunder, hier kannst du im Atlantik baden, in den Alpen wandern, vor einer Mittelmeerinsel schnorcheln oder in den Pyrenäen mountainbiken. Nach dem Sport bleibt noch Zeit, Geschichte zu entdecken.

Unter dem Ärmelkanal: Der Eurotunnel ist mit 50 Kilometern der längste Tunnel der Welt, der unter einem Meer liegt. Er verbindet Calais im Norden von Frankreich mit Dover im Vereinigten Königreich. →

Sonne, Strand, Olivenhaine: Rund um das Mittelmeer sind die Sommer trocken und heiß, die Winter mild und feucht, Mittelmeerklima eben, auch mediterranes Klima genannt. Traditionell bauen viele Landwirte in diesen Ländern Oliven an, die meist zu Öl verarbeitet werden.

Ganz oben! Madrid, Spaniens Hauptstadt, liegt 667 Meter über dem Meeresspiegel und ist damit die höchst gelegene Hauptstadt der Europäischen Union.

Die Mauern der Mauren: Spanien wurde sieben Jahrhunderte von Mauren regiert. Logisch, dass die in der Zeit auch Bauwerke errichtet haben. Zum Beispiel die Festung Alhambra, die sich auf einem Berg in der Stadt Granada erhebt. Sie war der Palast des Sultans.

Mini-Hollywood im Mittelmeer! So wird der Zwergstaat Malta manchmal scherzhaft genannt. Warum? Weil hier sehr viele berühmte Filme gedreht wurden, etwa „Troja“, „Popeye“ und „Wickie und die starken Männer“. Kein Wunder, denn Malta bietet mit seinen unberührten Küsten und historischen Bauwerken eine perfekte Filmkulisse. →

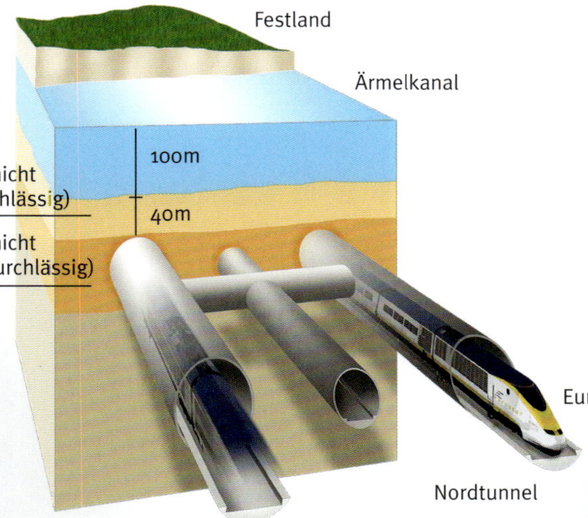

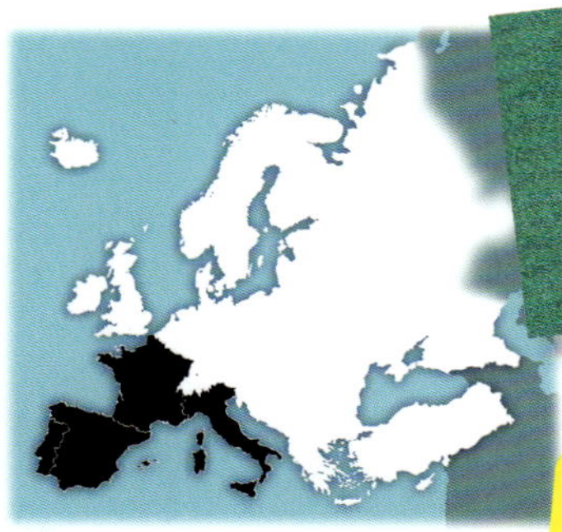

Länderanzahl: 9

Bevölkerung: 184,3 Millionen

ZUM KNOBELN!

1. Welche Länder auf dieser Karte haben sowohl Zugang zum Atlantik als auch zum Mittelmeer?
2. Wie viele Millionenstädte gibt es in Italien – abgesehen von der Hauptstadt Rom?
3. Wie heißt der Zwergstaat, der zwischen Frankreich und Spanien liegt?

Im Paradies der Pferde: Ganz im Süden der französischen Provence liegt ein kleines Naturwunder: die Camargue. In diesem Naturschutzgebiet mit riesigen Weideflächen, Sümpfen, Schilf und Sanddünen leben die weißen Camargue-Pferde in Herden. Sie gehören zu einer der letzten wild lebenden Pferderassen der Welt.

Das Fürstentum **Andorra** ist mit 468 Quadratkilometern gerade mal halb so groß wie Berlin. Seit 700 Jahren ist der Zwergstaat unabhängig. Er liegt zwischen Spanien und Frankreich in den Pyrenäen. Einen Flughafen gibt es nicht. Mit dem Zug kann man Andorra auch nicht erreichen. Wer das Land besuchen will, muss mit dem Auto von Spanien oder Frankreich anreisen.

Alte Arena: Das größte Amphitheater der Welt ist **das Kolosseum** in Rom. 50 000 Menschen fanden darin Platz. Ein Fest für die Zuschauer! Für die Gladiatoren war der Besuch in der Arena weniger vergnüglich. Sie mussten gegen wilde Tiere kämpfen und verloren dabei manchmal ihr Leben.

Filmkulisse auf Malta: Popeyes Dorf

Iberische Halbinsel

Zur Iberischen Halbinsel gehören die Staaten Spanien, Portugal und Andorra. Außerdem liegt an der Südspitze Gibraltar, ein britisches Überseegebiet. Vor 500 Jahren waren Spanien und Portugal wichtige Seefahrernationen.

Lass kacheln: Die Portugiesen lieben ihre „Azulejos", das sind bunt bemalte und glasierte Keramikfliesen. Damit werden nicht nur die Bäder gekachelt, sondern auch Hauswände und Kirchen – von außen!

Stockfisch trocknet in der Sonne.

Lecker Fisch! Das Nationalgericht in Portugal ist Bacalhau, getrockneter und gesalzener Kabeljau. Der Stockfisch ist sehr lange haltbar, deshalb nahmen ihn schon die portugiesischen Seefahrer vor 500 Jahren mit auf Entdeckungsfahrt.

Die Korkschicht der Eiche wird mehrere Zentimeter dick.

Wo kommt der Korken deiner Pinnwand her? Von der Rinde der Korkeiche! Das ist ein immergrüner Laubbaum, der im westlichen Mittelmeergebiet wächst und bis zu 400 Jahre alt werden kann! Die Zentren der Korkproduktion liegen in Süd-Portugal und Süd-Spanien. Etwa alle zehn Jahre kann die Rinde der Bäume, der Kork, geerntet werden.

Andorra ist das einzige Land der Welt, in dem **Katalanisch** die offizielle Amtssprache ist. Diese Sprache wird auch im Nordosten von Spanien und in Teilen von Sardinien gesprochen. Sie hört sich an wie eine Mischung aus Französisch und Spanisch.

Höchster Punkt:
Mulhacén (3 479 Meter) in Spanien

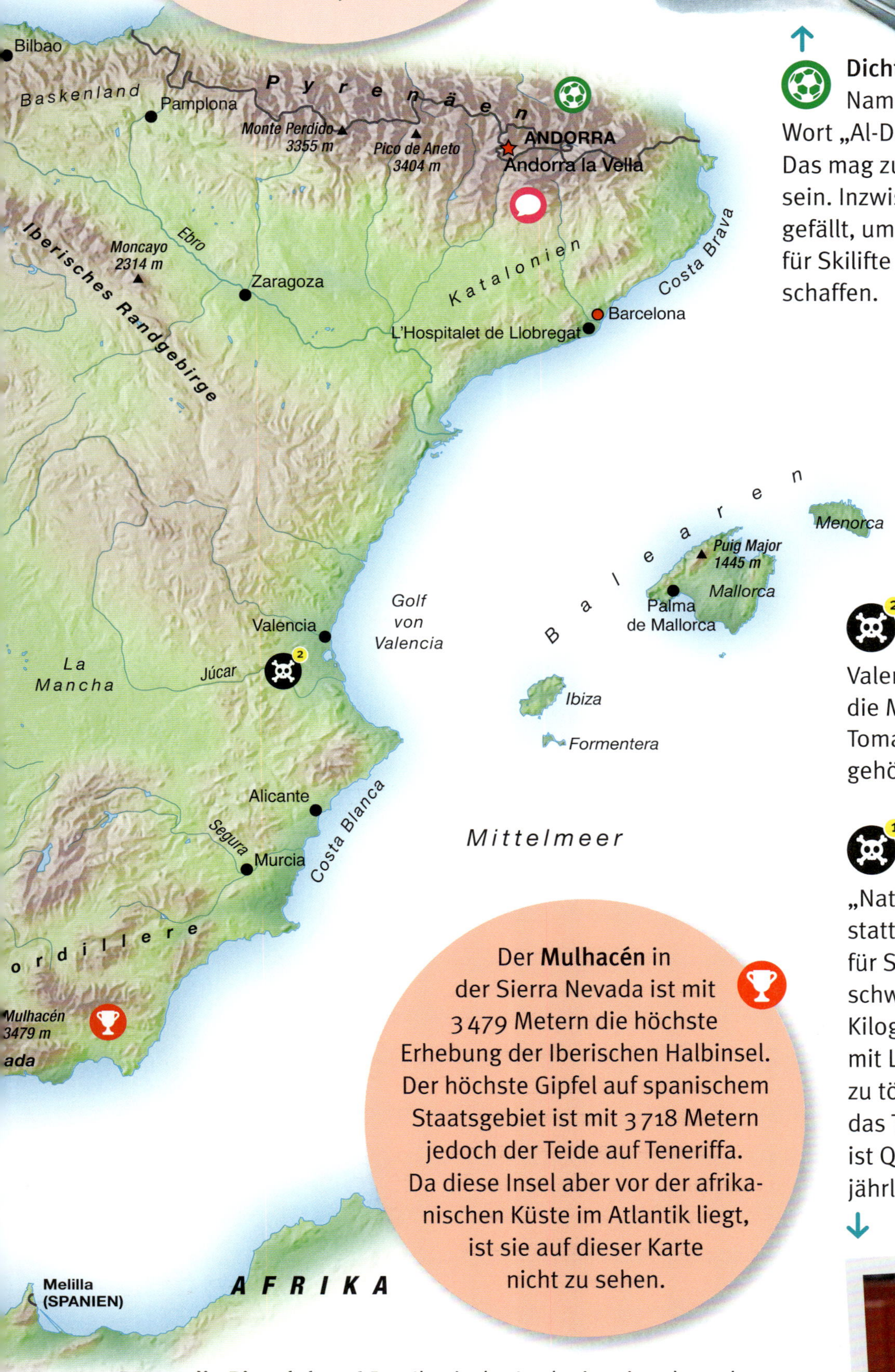

Dicht bewaldet? Nö! Dicht bepistet! Der Name Andorra kommt vom arabischen Wort „Al-Darra", das heißt „dicht bewaldet". Das mag zu Zeiten der Mauren so gewesen sein. Inzwischen aber wurden viele Bäume gefällt, um Platz für Skilifte zu schaffen.

Mit Essen spielt man! In der spanischen Stadt Buñol bei Valencia werden an einem Tag im August die Menschen mit 100 Tonnen überreifer Tomaten beworfen. Die Tomatenschlacht gehört zum Fest „La Tomatina".

Stierkampf in Spanien: Für viele Spanier ist der Stierkampf „Nationalsport", der in riesigen Arenen stattfindet. Dort tritt ein Torero (Spanisch für Stierkämpfer) gegen einen Stier an, schwenkt ein rotes Tuch, um das 600 Kilogramm schwere Tier zu reizen, es mit Lanzen zu verletzen und schließlich zu töten. Fans des Stierkampfs nennen das Tradition. Tierschützer sagen: Das ist Quälerei. Bis zu 40 000 Stiere sterben jährlich in den Arenen.

Der **Mulhacén** in der Sierra Nevada ist mit 3 479 Metern die höchste Erhebung der Iberischen Halbinsel. Der höchste Gipfel auf spanischem Staatsgebiet ist mit 3 718 Metern jedoch der Teide auf Teneriffa. Da diese Insel aber vor der afrikanischen Küste im Atlantik liegt, ist sie auf dieser Karte nicht zu sehen.

Rettet die Pinselohren! Der Iberische Luchs ist eine der seltensten Raubkatzen der Welt, aber leider stark gefährdet. Etwa 150 Exemplare durchstreifen die Korkeichenwälder in Spanien und Portugal. Doch es gibt Hoffnung: Im Nationalpark Coto de Doñana im Süden Spaniens konnten einige der Raubkatzen erfolgreich ausgewildert werden.

Frankreich und Monaco

Kammern der Toten: Im Beinhaus, etwa 30 Meter unter den Straßen des 14. Bezirks von Paris, stapeln sich die Knochen von etwa sechs Millionen Toten. Warum? Im 18. Jahrhundert wurde auf den Friedhöfen der Platz knapp. Also wurden die Gebeine in die Katakomben verfrachtet.

Frankreich ist das größte Land der Europäischen Union. Du kannst dort ganz unterschiedliche Landschaften entdecken. Im Loire-Tal im Norden gibt es viele Schlösser zu bewundern. Im Zentralmassiv und in den Cevennen kannst du wandern und klettern. An der Grenze zu Spanien liegt ein Hochgebirge, die Pyrenäen. Die Alpen sind ein Paradies für Bergsteiger. Die Mittelmeerküste eignet sich zum Baden und Surfen. Dort liegt auch Monaco, ein Zwergstaat, der berühmt für seine Spielkasinos und Autorennen ist.

Die große Schleife: Die Tour de France ist das berühmteste Radrennen der Welt. Nach der Fußballweltmeisterschaft und den Olympischen Spielen gilt die Tour als drittgrößtes Sportereignis überhaupt. Die Athleten müssen eine Strecke von etwa 3 500 Kilometern auf dem Rad zurücklegen. In den letzten Jahren gab es immer wieder Skandale rund um die Tour, weil einige Radrennfahrer verbotene Medikamente genommen haben, um ihre Leistung zu steigern. Das nennt man Doping.

Ein Haus mit 440 Zimmern: Im Tal der Loire kannst du viele Schlösser besichtigen. Das größte und prächtigste ist das Chateau de Chambord. König Franz I. ließ es Anfang des 16. Jahrhunderts errichten. Das Schloss besitzt sechs hohe Türme, 440 Zimmer, 84 Treppen und 365 Feuerstellen. Ob ein Makler wohl einen geeigneten Mieter für diese Hütte fände?

Windsurfer lieben den Mistral und kommen seinetwegen in die Provence.

Auf zum Eiffelturm – in 1665 Stufen: Der Eiffelturm wurde 1889 für die Weltausstellung errichtet – und sollte danach wieder abgebaut werden. Heute gehört der Turm zu den meistbesuchten Attraktionen der Welt: Sieben Millionen Menschen kommen pro Jahr, um ihn zu bewundern.

Höchster Punkt:
Mont Blanc in Italien und Frankreich (4810 Meter)

Die wollen nur spielen! Monaco ist berühmt für sein Kasino, das im Stadtteil Monte Carlo liegt. Hier verzocken die Schönen und Reichen der Welt ihr Geld. Weil man dort keine Steuern zahlen muss, ziehen viele wohlhabende Leute nach Monaco.

Noch ein Zwerg: Das Fürstentum Monaco ist ein Stadtstaat und nach dem Vatikanstaat das zweitkleinste Land der Welt. Die Grenze zu Frankreich ist knapp 5,5 Kilometer lang, die Küstenlinie etwa vier. Würdest du einmal um Monaco herumlaufen, bräuchtest du für die knapp zehn Kilometer zweieinhalb Stunden.

Berühmter Korse! Korsika ist die größte Insel im Mittelmeer, die zu Frankreich gehört. Das Eiland ist bergig und besitzt wunderschöne Strände. Der berühmteste Korse und vielleicht bekannteste Franzose heißt Napoleon Bonaparte. Er wurde 1769 in Ajaccio, der heutigen Hauptstadt von Korsika, geboren und stieg später zum Kaiser Frankreichs auf.

Hier zieht es! In der Provence, in der Provinz Languedoc, im Rhônetal und auf Korsika weht häufig ein kalter, stürmischer Fallwind, der Mistral. Deshalb kann es dort auch im sonst milden Frühling unangenehm kühl werden. Jacke einpacken!

Italien, Malta, San Marino, Vatikan

Italien ist eine Halbinsel in Südeuropa, die wie ein Stiefel aussieht. Das Land grenzt im Norden an vier Länder: Frankreich, Österreich, Schweiz und Slowenien. Der Rest des Landes liegt im Mittelmeer. Italien „beherbergt“ zwei Zwergstaaten: San Marino und den Vatikan. Die Republik Malta liegt südlich von Sizilien, sie ist der kleinste Mitgliedsstaat der Europäischen Union.

Kuppel des Petersdoms

Mitten in Rom, auf dem Monte Vaticano, liegt der Staat der **Vatikanstaat**, der kleinste Staat der Welt – viele Einkaufszentren in den USA sind größer! Das Wahrzeichen des Zwergstaates ist der Petersdom. Täglich besuchen 20 000 Pilger diese Kirche.

Der Glücksbrunnen: Der Legende nach soll es Glück bringen, eine Münze über die linke Schulter in den Trevi-Brunnen in Rom zu werfen. Es heißt, dass man dann wieder nach Rom zurückkehre. Und das wollen offensichtlich viele Besucher: Pro Jahr landen knapp eine Million Euro im Brunnen. Das Geld, das die Angestellten der Stadt Rom aus dem Wasser fischen, wird an Arme gespendet.

Pizza ist eines der wenigen Worte, das Menschen auf der ganzen Welt verstehen! Erfunden wurde der belegte Teigfladen wohl in Neapel.

Höchster Punkt:
Mont Blanc in Italien und Frankreich (4810 Meter)

Spaghetti, Makkaroni, Farfalle – Italien ist das Land der Pasta. Es soll 600 verschiedene Pasta-Sorten geben. Würdest du jeden Tag eine probieren, wärst du fast zwei Jahre mit Nudel-Essen beschäftigt. Ob die Italiener auch die Erfinder der Nudel sind? Darüber streiten sich die Wissenschaftler. Vermutlich wurden die Teigwaren an mehreren Orten unabhängig voneinander erfunden.

Das **Fußballteam von San Marino** steht meist auf dem letzten Platz der Weltrangliste. Kein Wunder, der Zwergstaat hat nur etwa 30 000 Einwohner, so viel wie Emmendingen in Baden-Württemberg. Die spielen in welcher Liga? In der Landesliga Südbaden!

Es gibt etwa 800 Menschen, die Staatsbürger des Vatikanstaats sind. **Wie man Vatikaner oder Vatikanerin wird?** Durch einen Job im Dienste des Papstes. Die Staatsbürgerschaft erlischt, sobald der Job weg ist. Einbürgern lassen kann man sich also nicht.

Kurz vor Afrika: Sizilien ist die größte Insel Italiens. Vom italienischen Festland ist sie nur durch die drei Kilometer breite Meerenge von Messina getrennt. Auch die Küste Afrikas ist nicht weit – nur 140 Kilometer.

Sizilien

Griechische Tempel auf Sizilien! Auf Sizilien kannst du spektakuläre Ruinen der alten Griechen bewundern. Was machten die alten Griechen in Italien? Sie beherrschten Teile von Sizilien und errichteten prachtvolle Gebäude, wie den Tempel von Agrigent.

Mini-Malta: Zwischen Europa und Afrika liegt im Mittelmeer die Republik Malta. Zu Malta gehören neben der Hauptinsel die Eilande Gozo und Comon sowie weitere unbewohnte Inseln. Mit 316 Quadratkilometern ist Malta etwas kleiner als die Stadt Bremen und knapp doppelt so groß wie Liechtenstein.

Maltas Hauptstadt Valletta ist berühmt für die bunten Balkone

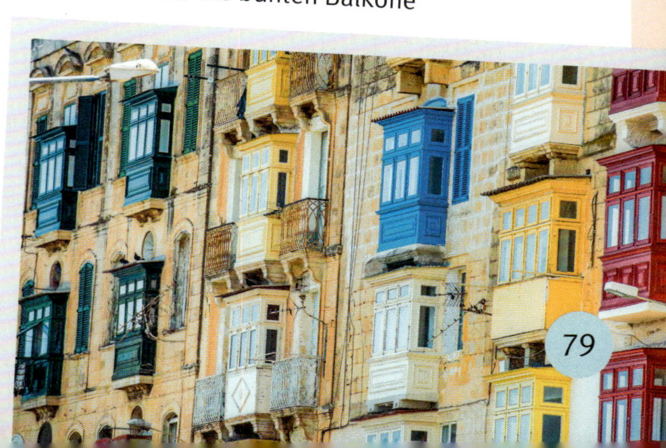

Das Europa-Quartett!

Hier findest du die wichtigsten Fakten der 47 europäischen Länder als Quartett-Karten zum Spielen. Einfach kopieren und ausschneiden.

ALBANIEN

Hauptstadt: Tirana
Einwohner: 2,8 Millionen
Fläche: 28 748 km^2
Bevölkerungsdichte:
97,4 EW pro km^2
Währung: Albanische Lek

ANDORRA

Hauptstadt: Andorra la Vella
Einwohner: 76 000
Fläche: 468 km^2
Bevölkerungsdichte:
162 EW pro km^2
Währung: Euro

BELGIEN

Hauptstadt: Brüssel
Einwohner: 11 Millionen
Fläche: 30 582 km^2
Bevölkerungsdichte:
364 EW pro km^2
Währung: Euro

BOSNIEN-HERZEGOWINA

Hauptstadt: Sarajevo
Einwohner: 3,7 Millionen
Fläche: 51 197 km^2
Bevölkerungsdichte:
74 EW pro km^2
Währung: Marka (BAM)

BULGARIEN

Hauptstadt: Sofia
Einwohner: 7,3 Millionen
Fläche: 110 994 km^2
Bevölkerungsdichte:
66 EW pro km^2
Währung: Lew (BGN)

DÄNEMARK

Hauptstadt: Kopenhagen
Einwohner: 5,6 Millionen
Fläche: 43 094 km^2
Bevölkerungsdichte:
130 EW pro km^2
Währung: Dänische Krone

DEUTSCHLAND

Hauptstadt: Berlin
Einwohner: 81 Millionen
Fläche: 357 340 km^2
Bevölkerungsdichte:
227 EW pro km^2
Währung: Euro

ESTLAND

Hauptstadt: Tallinn
Einwohner: 1,3 Millionen
Fläche: 45 399 km^2
Bevölkerungsdichte:
28 EW pro km^2
Währung: Euro

FINNLAND

Hauptstadt: Helsinki
Einwohner: 5,4 Millionen
Fläche: 338 432 km^2
Bevölkerungsdichte:
16 EW pro km^2
Währung: Euro

FRANKREICH

Hauptstadt: Paris
Einwohner: 66 Millionen
Fläche: 674 843 km^2
Bevölkerungsdichte:
98 EW pro km^2
Währung: Euro

GRIECHENLAND

Hauptstadt: Athen
Einwohner: 10,8 Millionen
Fläche: 131 957 km^2
Bevölkerungsdichte:
82 EW pro km^2
Währung: Euro

GROSSBRITANNIEN

Hauptstadt: London
Einwohner: 64,6 Millionen
Fläche: 244 830 km²
Bevölkerungsdichte:
264 EW pro km²
Währung: Pfund Sterling

IRLAND

Hauptstadt: Dublin
Einwohner: 4,5 Millionen
Fläche: 70 182 km²
Bevölkerungsdichte:
65 EW pro km²
Währung: Euro

ISLAND

Hauptstadt: Reykjavik
Einwohner: 329 000
Fläche: 103 125 km²
Bevölkerungsdichte:
3,2 EW pro km²
Währung: Isländische Krone

ITALIEN

Hauptstadt: Rom
Einwohner: 60,7 Millionen
Fläche: 301 338 km²
Bevölkerungsdichte:
202 EW pro km²
Währung: Euro

KOSOVO

Hauptstadt: Pristina
Einwohner: 1,8 Millionen
Fläche: 10 887 km²
Bevölkerungsdichte:
159,8 EW pro km²
Währung: Euro (Fremdwährung)

KROATIEN

Hauptstadt: Zagreb
Einwohner: 4,2 Millionen
Fläche: 56 642 km²
Bevölkerungsdichte:
79 EW pro km²
Währung: Kuna

LETTLAND

Hauptstadt: Riga
Einwohner: 1,9 Millionen
Fläche: 64 589 km²
Bevölkerungsdichte:
31 EW pro km²
Währung: Euro

LIECHTENSTEIN

Hauptstadt: Vaduz
Einwohner: 37 000
Fläche: 160,4 km²
Bevölkerungsdichte:
232 EW pro km²
Währung: Schweizer Franken

LITAUEN

Hauptstadt: Vilnius
Einwohner: 2,9 Millionen
Fläche: 65 300 km²
Bevölkerungsdichte:
45 EW pro km²
Währung: Euro

LUXEMBURG

Hauptstadt: Luxemburg
Einwohner: 562 000
Fläche: 2 586 km²
Bevölkerungsdichte:
217 EW pro km²
Währung: Euro

MALTA

Hauptstadt: Valletta
Einwohner: 425 384
Fläche: 316 km²
Bevölkerungsdichte:
1 364 EW pro km²
Währung: Euro

MAZEDONIEN

Hauptstadt: Skopje
Einwohner: 2 Millionen
Fläche: 25 713 km²
Bevölkerungsdichte:
80,3 EW pro km²
Währung: Mazedonischer Denar

MOLDAWIEN

Hauptstadt: Chişinău
Einwohner: 3,1 Millionen
Fläche: 33 843 km^2
Bevölkerungsdichte:
98 EW pro km^2
Währung: Moldauischer Leu

MONACO

Hauptstadt: Monaco
Einwohner: 37 800
Fläche: 2,02 km^2
Bevölkerungsdichte:
18 648 EW pro km^2
Währung: Euro

MONTENEGRO

Hauptstadt: Podgorica
Einwohner: 625 000
Fläche: 13 812 km^2
Bevölkerungsdichte:
47 EW pro km^2
Währung: Euro (Fremdwährung)

NIEDERLANDE

Hauptstadt: Amsterdam
Einwohner: 16,8 Millionen
Fläche: 41 458 km^2
Bevölkerungsdichte:
405 EW pro km^2
Währung: Euro

NORWEGEN

Hauptstadt: Oslo
Einwohner: 5,1 Millionen
Fläche: 385 199 km^2
Bevölkerungsdichte:
13 EW pro km^2
Währung: Norwegische Krone

ÖSTERREICH

Hauptstadt: Wien
Einwohner: 8,5 Millionen
Fläche: 83 878 km^2
Bevölkerungsdichte:
102 EW pro km^2
Währung: Euro

POLEN

Hauptstadt: Warschau
Einwohner: 38,4 Millionen
Fläche: 312 679 km^2
Bevölkerungsdichte:
123 EW pro km^2
Währung: Polnischer Zloty

PORTUGAL

Hauptstadt: Lissabon
Einwohner: 10,6 Millionen
Fläche: 92 212 km^2
Bevölkerungsdichte:
115,1 EW pro km^2
Währung: Euro

RUMÄNIEN

Hauptstadt: Bukarest
Einwohner: 20,1 Millionen
Fläche: 238 391 km^2
Bevölkerungsdichte:
84,4 EW pro km^2
Währung: Leu

RUSSLAND

Hauptstadt: Moskau
Einwohner: 143,6 Millionen
Fläche: 17 075 400 km^2
Bevölkerungsdichte:
8 EW pro km^2
Währung: Rubel

SAN MARINO

Hauptstadt: San Marino
Einwohner: 32 700
Fläche: 60,57 km^2
Bevölkerungsdichte:
541,3 EW pro km^2
Währung: Euro

SCHWEDEN

Hauptstadt: Stockholm
Einwohner: 9,6 Millionen
Fläche: 438 575 km^2
Bevölkerungsdichte:
22 EW pro km^2
Währung: Schwedische Krone

SCHWEIZ

Hauptstadt: Bern
Einwohner: 8,2 Millionen
Fläche: 41 285 km²
Bevölkerungsdichte:
200 EW pro km²
Währung: Schweizer Franken

SERBIEN

Hauptstadt: Belgrad
Einwohner: 7,1 Millionen
Fläche: 77 474 km²
Bevölkerungsdichte:
91,9 EW pro km²
Währung: Dinar

SLOWAKEI

Hauptstadt: Bratislava
Einwohner: 5,4 Millionen
Fläche: 40 034 km²
Bevölkerungsdichte:
111 EW pro km²
Währung: Euro

SLOWENIEN

Hauptstadt: Ljubljana
Einwohner: 2,06 Millionen
Fläche: 20 273 km²
Bevölkerungsdichte:
102 EW pro km²
Währung: Euro

SPANIEN

Hauptstadt: Madrid
Einwohner: 46,4 Millionen
Fläche: 504 645 km²
Bevölkerungsdichte:
92 EW pro km²
Währung: Euro

TSCHECHISCHE REPUBLIK

Hauptstadt: Prag
Einwohner: 10,5 Millionen
Fläche: 78 866 km²
Bevölkerungsdichte:
134 EW pro km²
Währung: Tschechische Krone

TÜRKEI

Hauptstadt: Ankara
Einwohner: 77,7 Millionen
Fläche: 783 562 km²
Bevölkerungsdichte:
98 EW pro km²
Währung: Türkische Lira

UKRAINE

Hauptstadt: Kiew
Einwohner: 42,8 Millionen
Fläche: 603 700 km²
Bevölkerungsdichte:
71 EW pro km²
Währung: Hrywnja

UNGARN

Hauptstadt: Budapest
Einwohner: 9,9 Millionen
Fläche: 93 096 km²
Bevölkerungsdichte:
107,5 EW pro km²
Währung: Forint

VATIKANSTAAT

Hauptstadt: Vatikanstadt
Einwohner: 842
Fläche: 0,44 km²
Bevölkerungsdichte:
1900 EW pro km²
Währung: Euro

WEISSRUSSLAND

Hauptstadt: Minsk
Einwohner: 9,4 Millionen
Fläche: 207 595 km²
Bevölkerungsdichte:
46 EW pro km²
Währung: Weißrussischer Rubel

ZYPERN (Republik Zypern)

Hauptstadt: Nikosia
Einwohner: 885 000
Fläche: 5 896 km²
Bevölkerungsdichte:
150 EW pro km²
Währung: Euro

Fläche: 30,3 Millionen km²
Rekord: Größte Wüste der Welt *Sahara*

Afrika

Afrika ist der zweitgrößte und heißeste Kontinent der Welt – und er ist atemberaubend schön: Hier erstreckt sich die größte Wüste, die Sahara. Südlich davon wächst ein großer Regenwald, in dem seltene Tiere wie Gorillas und Schimpansen leben. Auf dieser Landmasse rennen, traben und schleichen noch viel mehr wilde Tiere: In den Graslandschaften im Süden Afrikas sind Elefanten, Löwen, Antilopen, Zebras und Strauße zu Hause.

Klein, aber bissig: Die **Sandrasselotter** ist nicht einmal einen Meter lang, aber extrem giftig. Diese Viper tötet in Afrika mehr Menschen als jede andere Schlange. Vorsicht ist geboten, wenn du ein rasselndes Geräusch hörst. Dann reibt die Sandrasselotter ihre Schuppen aneinander und zeigt, dass sie schlechte Laune hat.

[1] Schnee in Afrika? Klar doch. Der höchste Berg des Kontinents, der **Kilimandscharo**, ist immerzu schneebedeckt und 5895 Metern hoch.

[2] Der längste Fluss der Erde ist der **Nil**. Von der Quelle beim Victoriasee fließt er 6853 Kilometer bis ins Mittelmeer. Schon die alten Ägypter nutzten diesen Fluss. Mit ihren Holzbooten, Feluken genannt, schipperten sie Waren von einem Ort zum anderen. →

Berggorilla

Kattas zählen zu den Lemuren.

← [3] Unsere lieben Verwandten! In Ruanda und Uganda leben die letzten **Berggorillas** in freier Wildbahn. Weil sie von Wilderern gejagt werden und ihr Lebensraum, der Regenwald, abgeholzt wird, könnten sie bald ausgestorben sein.

↑ [2] Lemuren, also Halbaffen, gibt es nur auf **Madagaskar.** Weil die Insel vor 50 Millionen Jahren von Afrika getrennt wurde, haben sich dort ganz ungewöhnliche Tier- und Pflanzenarten entwickelt.

Pro Sekunde stürzt an den **Victoriafällen** der Inhalt von fünf Schwimmbecken 100 Meter in die Tiefe. Dieses Naturwunder liegt in der Grenzregion von Simbabwe und Sambia. ↓

[1] Die größte Tierwanderung der Welt: Auf der Suche nach Nahrung und Wasser ziehen 1,2 Millionen Gnus, 400 000 Gazellen und 250 000 Zebras durch den **Serengeti-Nationalpark**, der in Tansania und Kenia liegt. Auf ihrem Rundweg legen die Tiere jährlich etwa 3000 Kilometer zurück. →

ZUM KNOBELN!

1. Wie heißt diese Inselgruppe?
2. Wie heißt der größte See Afrikas?
3. In welches Meer mündet der Nil?

Länderanzahl: 54
Bevölkerung: 1,05 Milliarden

Afrika

Wusstest du, dass du ein Afrikaner bist? So wie jeder andere Mensch auf der Erde! Denn unsere Ur-Ur-Ur-Ahnen lebten einst in der afrikanischen Savanne. Die ältesten Funde von menschenähnlichen Wesen sind etwa drei Millionen Jahre alt und wurden in Ostafrika entdeckt. Heute leben auf diesem Kontinent 600 Volksgruppen in 54 Staaten. Viele dieser Länder gehören zu den ärmsten der Welt, doch ist der Erdteil reich an Kultur und Traditionen. Nirgendwo sonst werden mehr Sprachen gesprochen – mehr als 2000.

1 Prächtige Cheops-**Pyramide**: Die alten Ägypter waren geniale Baumeister. Vor über 4500 Jahren schufteten Tausende Arbeiter und schleppten über zwei Millionen Steine heran, um die Grabstätte für ihren Herrscher zu errichten. ↗

1 Die Kamele der **Tuareg** sind die Taxis der Sahara. Die Wüstennomaden werden auch als „blaue Reiter“ bezeichnet. Sie tragen blaue Kleidung, die auf ihre Haut abfärbt. →

Die größte Stadt in Afrika heißt **Kairo**. Die Hauptstadt Ägyptens hat etwa 18 Millionen Einwohner. Zum Vergleich: In der Sahara, die so groß ist wie die USA, leben nur rund zwei Millionen Menschen.

2 Aus riesigen Felsblöcken schufen Menschen in Lalibela in **Äthiopien** vor 800 Jahren elf Kirchen. Es heißt, 40 000 Arbeiter hätten 23 Jahre lang an ihnen gemeißelt. Nachts sollen ihnen Engel zu Hilfe gekommen sein. →

Film ab! Jeder kennt Hollywood. Doch auch **Nigeria** ist bekannt für seine Filmindustrie: In Nollywood werden pro Jahr etwa 2000 Filme produziert; das sind mehr als fünf pro Tag!

Bei den nomadischen **Wodaabe** wird jährlich ein Schönheitswettbewerb der besonderen Art durchgeführt: Die Männer des Hirtenvolkes schminken sich, singen und schneiden Grimassen. Wer wird Schönheitskönig? Das entscheiden die Frauen.

In Kamerun hüpft der größte Frosch der Welt, der **Goliathfrosch**. Er wird über 30 Zentimeter lang und drei Kilo schwer. Diese Prachtkerle landen häufig in der Pfanne.

Die **San**, ein Volk, das in der Kalahari-Wüste in Südafrika, Botswana und Namibia lebt, sprechen die wahrscheinlich komplizierteste Sprache der Welt. Sie verständigen sich mit Schmatz- und Schnalzlauten.

Goldrausch: 1886 wurde bei Johannesburg in Südafrika **Gold** entdeckt. Heute kommen fast zehn Prozent des Edelmetalls von dort. Auch Diamanten kannst du in Südafrika finden. Manche sind so groß wie eine kleine Orange. Kein Wunder, dass dieses Land zu den reichsten in Afrika gehört, auch wenn nur wenige davon profitieren.

Westasien und Südasien

Gigantisch! Asien ist der größte Kontinent der Welt. Weil er so riesig ist, passt er nicht auf eine Doppelseite in diesem Atlas. Deshalb zeigen wir Asien in drei Teilen. Entdecke zunächst Westasien und Südasien: zum Beispiel eine unglaubliche Sandwüste, das höchste Gebirge der Welt und zottelige Grunzochsen, die Yaks.

Meer aus Sand: Die **Rub al-Chali** ist die größte Sandwüste der Welt, Deutschland würde zwei Mal in sie hineinpassen. Rub al-Chali ist Arabisch und heißt übersetzt „leeres Viertel“. Der Name verwundert nicht, denn hier gibt es weder Flüsse noch Seen, weder Dörfer noch Städte. Nur manchmal ziehen Beduinen mit ihren Kamelen durch diese Einöde.

Steinreich oder besser ölreich: Unter der Erde von Saudi-Arabien, Irak, Iran, von den Vereinigten Arabischen Emiraten und Kuwait gibt es **riesige Erdölvorkommen**. Diese Staaten gehören zu den größten Ölproduzenten der Welt.

Der **Monsunregen** ist für den indischen Subkontinent lebenswichtig. In den Sommermonaten von Juni bis September bringt er viel Niederschlag. Manchmal regnet es aber auch so stark, dass es zu schlimmen Überschwemmungen kommt.

Fläche: 12,9 Millionen km²
Rekord: Tiefster Punkt der Welt *Totes Meer*

Yeti nein, Yaks ja! Bislang konnte niemand beweisen, dass es den Schneemenschen wirklich gibt. Sicher ist dagegen: Yaks, die zotteligen Rinder, existieren wirklich. Allerdings grasen nur noch etwa 10 000 Grunzochsen auf den abgelegenen Hochweiden des Himalaja. →

↑ Einst war **der Aralsee** der viertgrößte See der Welt, inzwischen ist er auf ein Zehntel seiner ursprünglichen Größe geschrumpft. Der Grund? Die Menschen zweigten jahrzehntelang Wasser für ihre Baumwollfelder ab.

Der **Himalaja** ist das höchste Gebirge der Welt. Der allerhöchste Berg liegt mittendrin: der Mount Everest mit 8848 Metern. Die Erstbesteiger waren 1953 Edmund Hillary und Tenzing Norgay. Heute kommen jährlich Tausende Touristen und hinterlassen ihre Abfälle. Inzwischen gilt der Berg als höchste Müllkippe der Welt. Ein neues Gesetz verpflichtet deshalb die Bergsteiger, ihren Müll wieder mit ins Tal zu nehmen. →

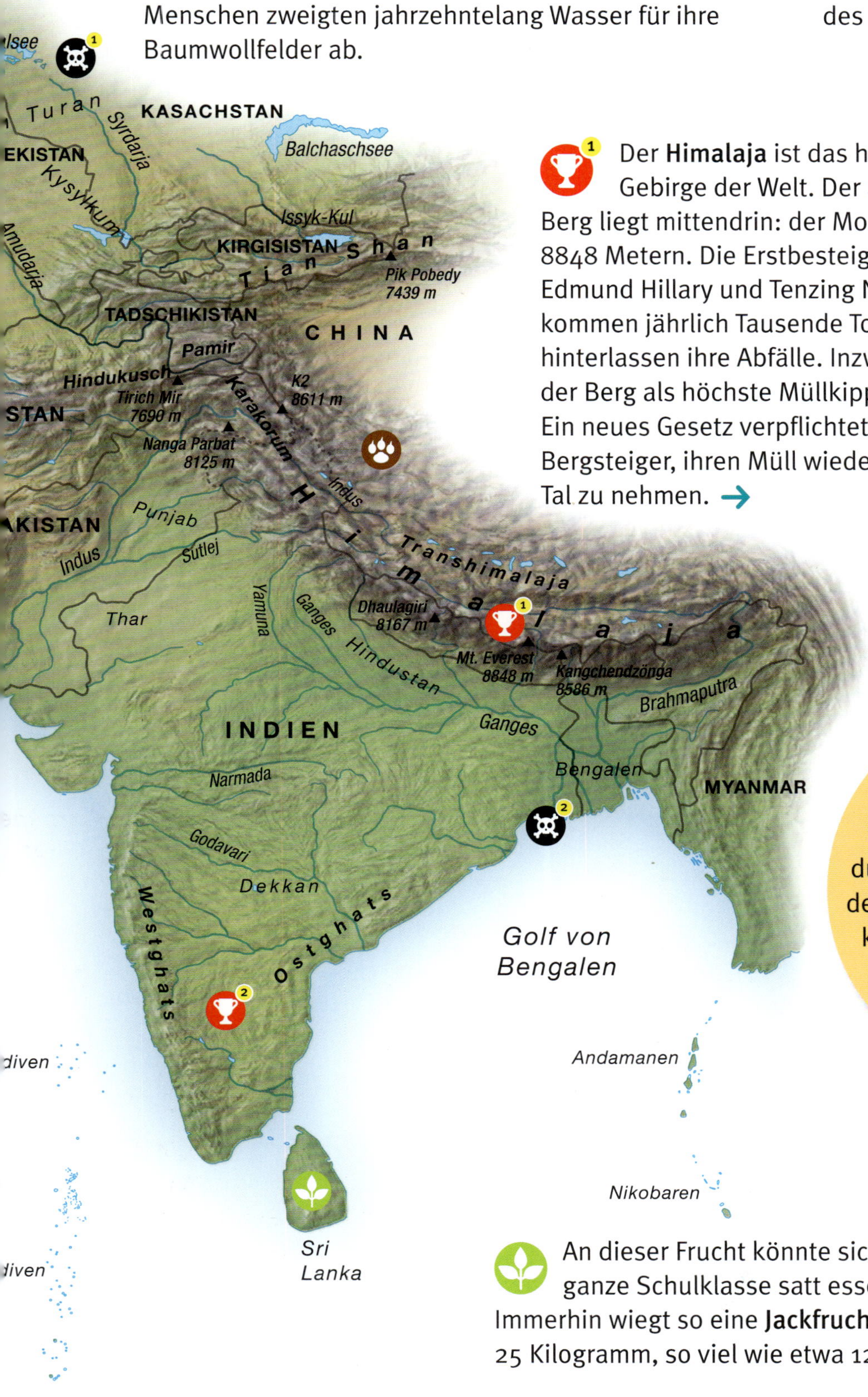

Gefährlich: Wer im Nationalpark **Sunderban** mit dem Boot durch die Mangrovensümpfe des Ganges-Deltas schippert, kann schon mal von einem der dort lebenden Tiger angegriffen werden.

An dieser Frucht könnte sich eine ganze Schulklasse satt essen: Immerhin wiegt so eine **Jackfrucht** bis zu 25 Kilogramm, so viel wie etwa 125 Äpfel. →

Westasien und Südasien

Diese Region ist die vielleicht spannendste der Welt. Hier bauten Menschen erstmals Getreide an, züchteten Vieh und wurden sesshaft. Sie erfanden die erste Schrift, die Keilschrift, und hier gingen erstmals Schüler zur Schule. In diesem Gebiet entstanden drei große Weltreligionen: das Judentum, das Christentum und der Islam. Doch diese Gegend ist nicht nur spannend, sondern auch spannungsgeladen. Die Menschen streiten sich und führen viele Kriege – vor allem wegen der Religion.

Das höchste Gebäude der Welt heißt **Burj Khalifa** (sprich: Burdsch Chalifa), es steht in Dubai in den Vereinigten Arabischen Emiraten und ist 828 Meter hoch. Damit ist es doppelt so groß wie das Empire State Building in den USA.

Grabeskirche

Felsendom und Klagemauer

Stadt der drei Weltreligionen: In **Jerusalem** liegen drei heilige Stätten von drei großen Weltreligionen ganz nahe beieinander: der Felsendom der Muslime, die Klagemauer der Juden und die Grabeskirche der Christen.

Nach **Mekka** pilgern jedes Jahr Millionen Muslime. Jeder Gläubige sollte einmal im Leben diese heilige Stadt in Saudi-Arabien besuchen, so heißt es im Koran, der heiligen Schrift der Muslime. Nichtmuslime dürfen die Stadt dagegen nicht betreten.

Kaaba in Mekka

Länderanzahl: 30
Bevölkerung: 1,97 Milliarden

Vor 7000 Jahren war **Mesopotamien**, das Gebiet des heutigen Irak und Syrien, das geistige Zentrum der Welt. Hier entwickelte das Volk der Sumerer die erste Schrift, erfand das Rad und – die Schule. Damals wurden Bilder und Zeichen in Tontafeln geritzt, die als Schulbücher dienten. ↘

Erste Bauern: Im heutigen Iran begannen die Menschen vor etwa 10 000 Jahren, Pflanzen anzubauen und Tiere zu züchten. Die Menschen wurden erstmals sesshaft. Dadurch entstanden Dörfer und Städte, Kunst und Kultur. →

Das **Tadsch Mahal** ist für viele Menschen das schönste Gebäude der Welt. Schah Dschahan ließ es von 20 000 Arbeitern errichten, zu Ehren seiner Lieblingsfrau. Es besteht aus weißem Marmor und ist mit Edelsteinen und Schnitzereien verziert. Die Bauarbeiten begannen 1631 und dauerten mehr als 17 Jahre. ↗

Reinwaschen am Fluss: Die meisten Inder sind Anhänger der Religion des **Hinduismus**. Sie glauben an die Wiedergeburt nach dem Tod. Jedes Jahr pilgern über eine Million Gläubige in die Stadt Varanasi am Fluss Ganges, um ihre Sünden abzuwaschen.

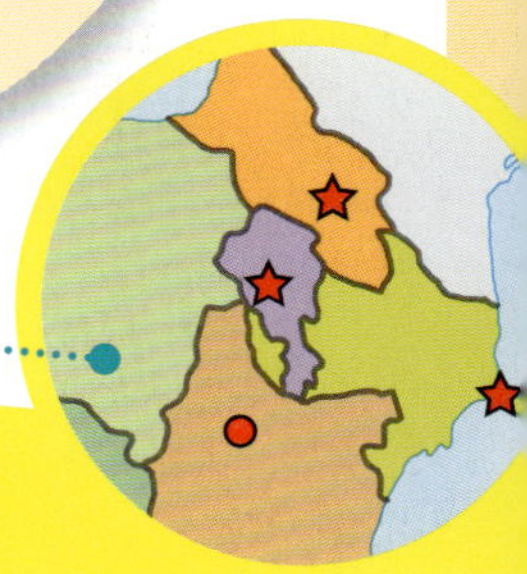

ZUM KNOBELN!

1. Welches Land ist das? Folge der blauen Linie und finde es auf der Karte!
2. Wie viele Millionenstädte gibt es in Indien? Zähle sie auf der Karte!
3. Wie heißt die Hauptstadt von Aserbaidschan?

Nordasien und Zentralasien

Würde man Wölfe, Bären, Tiger, Schneeleoparden, Nonnenkraniche und Walrosse fragen, wo sie am liebsten leben würden, wäre die Antwort wohl: in Nord- und Zentralasien. Hier gibt es viel Platz, und diesen Tierarten macht das raue Klima wenig aus. In Sibirien kann es bis zu minus 60 Grad Celsius kalt werden. Vor der Kälte schützen sich die Tiere mit einem warmen Fell, einer dicken Fettschicht oder einem dichten Federkleid.

Die **sibirische Taiga** ist das größte zusammenhängende Waldgebiet der Welt, hier wachsen vor allem Kiefern, Fichten und Tannen.

Schon mal was von **Kasachstan** gehört? Nein. Erstaunlich, denn es ist fast so groß wie Indien und eines der rohstoffreichsten Länder der Welt. Dort lagern Kohle, Erdgas, Erdöl und Gold.

Natur und Tiere

Fläche: 17,3 Millionen km²
Rekord: Tiefster und ältester See Baikalsee

← Der **Baikalsee** ist mit 1600 Metern der tiefste, mit 25 Millionen Jahren der älteste und außerdem der wasserreichste See der Welt. Er enthält mehr Wasser als die Ostsee.

In Sibirien streifen nur noch etwa 500 **Sibirische Tiger** durch die Gegend. Diese Katzen sind vom Aussterben bedroht, weil zum Beispiel Wilderer die Tiere erschießen, um die Knochen nach China zu verkaufen. Dort wird ein Pulver daraus gemacht, von dem einige Menschen glauben, dass es Rheuma und Malaria heile.

Die Wüste **Gobi**, die in der Mongolei und Nordchina liegt, ist einer der besten Fundorte für Dinosaurierknochen und versteinerte Dino-Eier. Etwas Zeit und Geduld musst du trotzdem mitbringen, wenn du suchen willst: Die Gegend ist felsig und eine Million Quadratkilometer groß.

Trampeltiere sind sehr robust: Sie halten Temperaturen von minus 50 bis plus 50 Grad Celsius aus. In ihren beiden Höckern speichern sie Fett. Deshalb können sie lange Zeit ohne Nahrung auskommen. Wenn es in der Wüste ausnahmsweise etwas zu trinken gibt, schlabbern sie in zehn Minuten 120 Liter weg, so viel wie in eine Badewanne passt. →

Nordasien und Zentralasien

Möchtest du endlich einmal deine Ruhe haben? Dann könnten dir Nord- und Zentralasien gut gefallen. Dort gibt es riesige, kaum besiedelte Gebiete: Der Norden von Sibirien und die Wüste Gobi sind fast menschenleer. Langweilig wird es dort aber trotzdem nicht. Wie wäre es mit einem Trip mit der Transsibirischen Eisenbahn oder einem Besuch bei Rentier-Nomaden?

Vor fast 500 Jahren ließ der als grausam verschriene Zar Iwan der Schreckliche die wunderschöne **Basilius-Kathedrale** mit ihren zauberhaften Zwiebeltürmen in Moskau bauen. Der Grund? Er hatte einen Sieg gegen die Mongolen errungen.

Kostbarer **Kaviar:** Die Eier des Beluga-Störs sind sehr begehrt und teuer. Ein Kilogramm Fischeier kostet bis zu 6000 Euro. Die Kügelchen schmecken cremig und sahnig. Die Störe sind leider vom Aussterben bedroht.

Wauwau im Weltall: Hündin **Laika** wurde vom Raketenstartplatz Baikonur 1957 mit dem Satelliten „Sputnik 2" ins All geschossen – als erstes Lebewesen überhaupt. Leider ohne Rückflugticket, denn es war damals technisch noch nicht möglich, zurück zur Erde zu fliegen.

Länder und Leute

Länderanzahl: 3
Bevölkerung: 163 Millionen

Die **Nenzen** wandern mit großen Rentierherden jedes Jahr 2000 Kilometer über die russische Halbinsel Jamal. Die Kinder dieses Nomadenvolkes sind allerdings nur in den Ferien mit dabei. Sie müssen zur Schule wie du. Im August werden sie mit dem Hubschrauber zurück ins Internat geflogen.

1 Die **Transsibirische Eisenbahn** ist die längste Eisenbahn der Welt. Sie führt von Moskau nach Wladiwostok. Man braucht für die mehr als 9000 Kilometer etwa sieben Tage.

Zarengold-Express

Keins ist größer: **Russland** ist das größte Land der Welt, der westliche Teil liegt in Europa, der östliche in Asien.

ZUM KNOBELN!

1. Wie viele Millionenstädte gibt es im asiatischen Teil Russlands?
2. Welche russische Großstadt liegt am Pazifik?

2 **Ganz schön kalt!** Warm anziehen solltest du dich, wenn du die Hauptstadt der **Mongolei**, Ulan-Bator, besuchst. Sie ist die kälteste Hauptstadt der Welt. Die Jahresdurchschnittstemperatur beträgt minus 2 Grad.

Südasien und Südostasien

Stinkende Schönheit! Die Titanenwurz ist die größte Blume der Welt. Sie stinkt aber auch im Wortsinn zum Himmel. Der Geruch von toten Tieren lockt Fliegen und Käfer an.

Magst du das Meer oder die Berge, Vulkane oder Wüsten? Wenn du dich nicht entscheiden kannst, ist diese Gegend genau richtig: Vulkaninseln in Südostasien, Wüsten in China und Gebirge in Korea und Japan.

Lebende Drachen? Der **Komodowaran** ist die größte Echse unseres Planeten und ähnelt den Drachen aus Fantasy-Büchern. Er wird bis zu drei Meter lang, einhundert Kilo schwer und ist ein flinker Jäger. Seine Spucke enthält ein Gift, mit dem er seine Beute lähmt.

Dieses Land ist das reinste Feuerwerk! In Indonesien gibt es mehr aktive **Vulkane** als in jedem anderen Land der Erde – über 130. Auf der Insel Java spuckt der 3676 Meter hohe Semeru seit 30 Jahren ununterbrochen Feuer. Er ist einer der gefährlichsten Vulkane der Erde.

Orang-Utans sind die größten Baumsäugetiere der Welt. Und sie sind sehr schlau: Sie benutzen Werkzeuge und bauen sich Schlafnester aus Zweigen und Blättern. Leider sind sie vom Aussterben bedroht. Ihr Lebensraum, der Regenwald, wird abgeholzt.

Natur und Tiere

Fläche: 14,7 Millionen km²

Rekord: Die meisten Vulkane

Indonesien

Sie sehen einfach zum Knuddeln aus: die **Großen Panda**. Die pummeligen Bambusfresser, die in Zentralchina leben, stehen auf der Roten Liste der bedrohten Arten. Es gibt nur noch etwa 1600 Exemplare. →

← **Tsunamis** sind gigantische Wellen, die durch Erdbeben im Meer ausgelöst werden. Je näher sie der Küste kommen, desto höher türmen sie sich auf. Treffen sie auf Land, können sie ganze Landstriche zerstören und Menschen töten.

Der Jangtsekiang ist mit 6380 Kilometern der längste Fluss Asiens und der drittlängste der Welt. An einer Stelle wird er vom **Drei-Schluchten-Damm** zu einem gigantischen See aufgestaut. 13 Städte und etwa 4500 Dörfer mussten den Fluten weichen – ihre Bewohner wurden umgesiedelt. ↓

Drei-Schluchten-Damm

Südasien und Südostasien

Der **Fugu**, ein Kugelfisch, ist in Japan ein absoluter Leckerbissen. Doch manche Körperteile sind sehr giftig! Köche müssen eine extra Ausbildung machen, um ihn zubereiten zu dürfen. ↘

Alleine bist du in dieser Region der Welt sehr selten. Denn China, Japan und einige Länder Südostasiens sind sehr dicht bevölkert. In China leben mehr Menschen als in jedem anderen Land der Erde: 1,35 Milliarden. Jeder fünfte Mensch ist ein Chinese.

Reisfeld

← Heiß auf Reis: **Reis** ist die wichtigste Nutzpflanze der Welt. Für mehr als die Hälfte der Menschen auf der Welt ist Reis das Hauptnahrungsmittel. Er wird vor allem in Asien angebaut: 90 Prozent der Weltproduktion kommen von dort.

Buddhastatue

← Das Leben: ein Kreislauf. Daran glauben viele Menschen in Thailand, Vietnam, Laos und anderen südostasiatischen Ländern. Ihren Glauben nennt man **Buddhismus**. Sie sind davon überzeugt, dass Menschen nach dem Tod wiedergeboren werden.

Kung Fu wurde vor etwa 1500 Jahren von buddhistischen Mönchen in China erfunden. Sie wollten sich nach dem langen Stillsitzen und Beten ein bisschen bewegen. Entstanden ist ein Kampfsport ohne Waffen. Heute trainieren Menschen in der ganzen Welt Kung Fu und andere asiatische Kampfsportarten wie Karate oder Judo. →

Lhasa

← **Tibet** ist das höchstgelegene Land der Erde. 1950 marschierten chinesische Truppen ein. Bei den Kämpfen wurden viele Tibeter verletzt oder getötet und zahlreiche ihrer heiligen Klöster zerstört. Seit dieser Zeit sagt China, dass das Gebiet zu seinem Staatsgebiet gehört. Die Tibeter wären aber lieber unabhängig.

Länder und Leute

Länderanzahl: 16
Bevölkerung: 2,2 Milliarden

Rein mit dir! **Tokio** ist die größte Stadt der Welt. Etwa 35 Millionen Menschen leben hier. Kein Wunder, dass es in den U-Bahnen manchmal ganz schön eng wird. Deshalb gibt es „Drücker" in Uniform, die die Passagiere in die Züge pressen. →

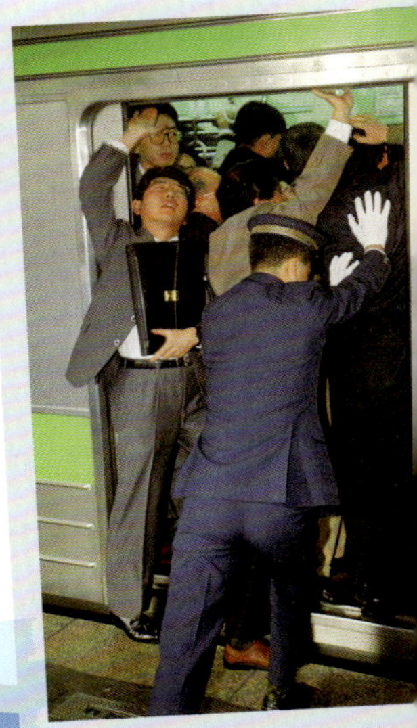

Das längste Bauwerk der Welt: Die **Chinesische Mauer** ist über 20 000 Kilometer lang und wurde vor etwa 2000 Jahren von etwa 300 000 Sklaven erbaut, um Feinde aus dem Norden abzuwehren. →

Die **Orang Laut** sind Seenomaden, die jahrhundertelang nur auf Booten lebten. Sie segelten mit ihren schwimmenden Häusern zwischen Indonesien und den Philippinen, zwischen Malaysia und den Molukken hin und her. Heute wohnen viele Orang Laut in Hütten auf Stelzen. ↓

Orang Laut

Australien, Neuseeland und Ozeanien

Komm mit auf eine Reise ans andere Ende der Welt, nach Australien, Neuseeland und Ozeanien. Australien ist der kleinste aller Kontinente und zugleich ein sehr dünn besiedeltes Land. Wollen die „Aussies“, also die Australier, ins Ausland reisen, müssen sie ein Boot oder das Flugzeug nehmen, denn ihr Land ist eine riesige Insel. Neuseeland liegt 1500 Kilometer entfernt im Südosten, Papua-Neuguinea und die Inselgruppen Mikronesien, Melanesien im Norden und Polynesien im Osten.

Uluru nennen die Aborigines, die Ureinwohner Australiens, diesen heiligen Felsen aus rotem Sandstein. Das bedeutet: „Schatten spendender Platz“. Andere Leute sagen zu dem Berg, der sich 350 Meter über seine Umgebung erhebt, Ayers Rock.

Clownfisch

Schule mit Klick: Viele Kinder im australischen Outback, dem „Hinterland“, könnten im Schlafanzug zum Unterricht kommen. Sie lernen zu Hause – über das Internet. Der Weg zur nächsten Schule wäre für sie viel zu weit.

Paradies unter Wasser! Das **Große Barriereriff** ist das längste Korallenriff der Welt. Es erstreckt sich 2000 Kilometer entlang der australischen Ostküste und ist so gigantisch, dass du es vom Weltall aus sehen könntest.

Fläche: 8,6 Millionen km^2
Rekord: Der *Uluru* ist der größte Felsblock der Welt

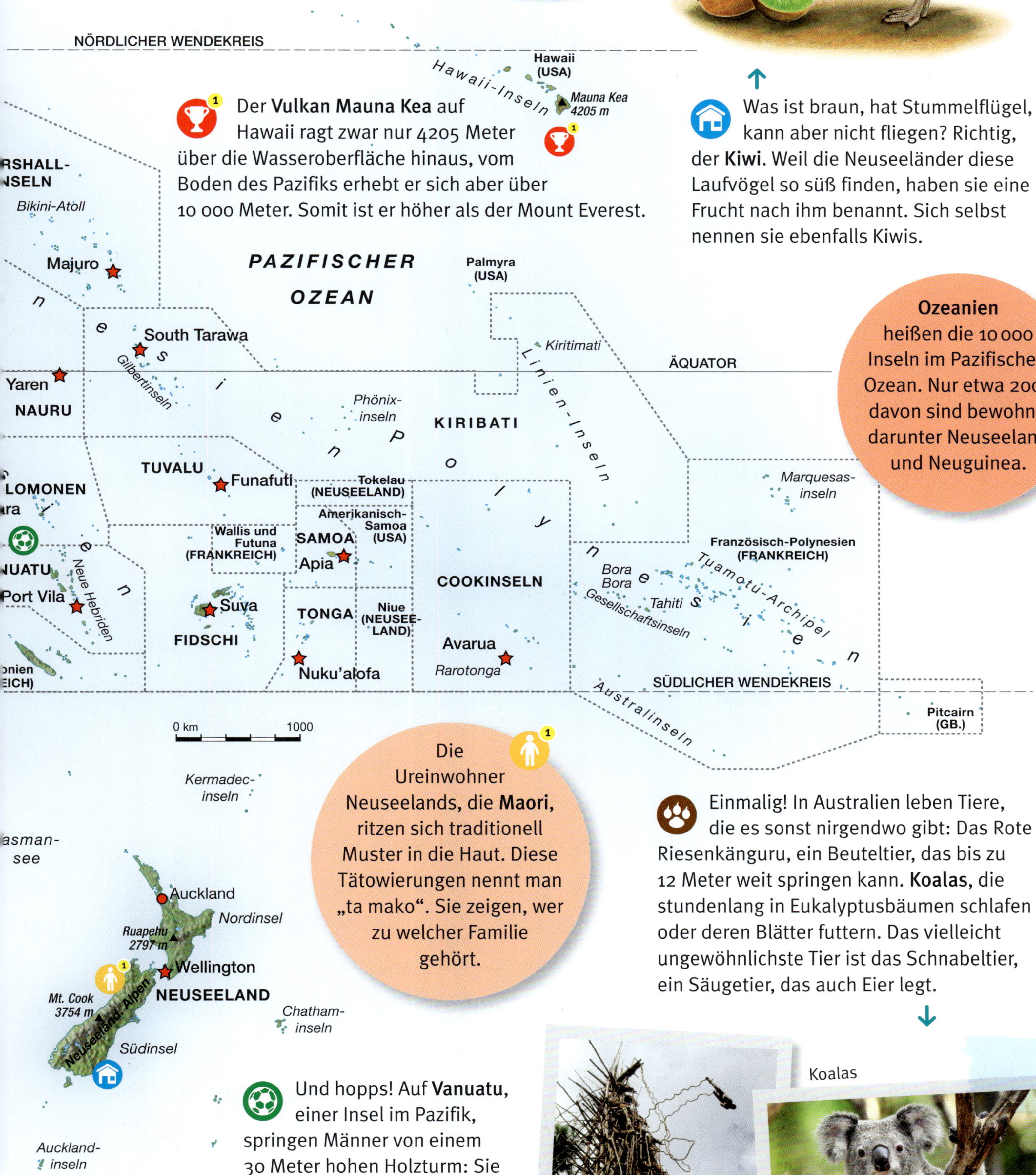

Der **Vulkan Mauna Kea** auf Hawaii ragt zwar nur 4205 Meter über die Wasseroberfläche hinaus, vom Boden des Pazifiks erhebt er sich aber über 10 000 Meter. Somit ist er höher als der Mount Everest.

Was ist braun, hat Stummelflügel, kann aber nicht fliegen? Richtig, der **Kiwi**. Weil die Neuseeländer diese Laufvögel so süß finden, haben sie eine Frucht nach ihm benannt. Sich selbst nennen sie ebenfalls Kiwis.

Ozeanien heißen die 10 000 Inseln im Pazifischen Ozean. Nur etwa 2000 davon sind bewohnt, darunter Neuseeland und Neuguinea.

Die Ureinwohner Neuseelands, die **Maori**, ritzen sich traditionell Muster in die Haut. Diese Tätowierungen nennt man „ta mako“. Sie zeigen, wer zu welcher Familie gehört.

Einmalig! In Australien leben Tiere, die es sonst nirgendwo gibt: Das Rote Riesenkänguru, ein Beuteltier, das bis zu 12 Meter weit springen kann. **Koalas**, die stundenlang in Eukalyptusbäumen schlafen oder deren Blätter futtern. Das vielleicht ungewöhnlichste Tier ist das Schnabeltier, ein Säugetier, das auch Eier legt.

Und hopps! Auf **Vanuatu**, einer Insel im Pazifik, springen Männer von einem 30 Meter hohen Holzturm: Sie sind dabei nur mit einer Liane am Fuß gesichert.

Koalas

Fläche: 22,3 Millionen km²

Rekord: Der *Grand Canyon* ist die größte Schlucht der Welt

Nord- und Mittelamerika

Streunen Eisbären und Jaguare auf ein und demselben Kontinent? Ja, allerdings werden sie sich nie begegnen, außer vielleicht im Zoo. Denn der Erdteil Nord- und Mittelamerika ist gigantisch groß: Im Osten schwappt der Atlantik an seine Küsten, im Westen der Pazifik. Er reicht von der eisigen Polarregion im Norden bis in den schwülheißen Süden.

Für Strandfans: Kanada hat mit fast 250 000 Kilometern die längste **Küstenlinie** der Welt. Mit etwas Glück kannst du dort Sattelrobben sehen, zum Beispiel in der Hudson Bay. →

1 Von Kanada im Norden bis fast nach Mexiko im Süden reicht die 4800 Kilometer lange Gebirgskette mit dem Namen **Rocky Mountains**.

2 Die **großen Seen** bilden eine natürliche Grenze zwischen den USA und Kanada. Ein Fünftel des gesamten Süßwassers der Erde steckt in diesen fünf Seen. Die spektakulären Niagarafälle verbinden den Erie- und den Ontariosee. ↓

Mammutbäume sind die höchsten Bäume der Welt und die größten lebenden Pflanzen. Sie können mehr als 1500 Jahre alt, über 100 Meter hoch und mehr als neun Meter dick werden.

Auf diesen Rekord ist niemand stolz. In den USA gibt es mehr **Tornados** als in jedem anderen Land der Welt – etwa 1000 im Jahr, die meisten davon in der „Tornado-Gasse" im Mittleren Westen.

Ganz gemächlich! **Faultiere** sind die langsamsten Säugetiere der Welt. Sie kommen gerade einmal zwei Meter pro Stunde voran. Damit sie nicht von Feinden gesehen werden, tarnen sich die in Bäumen lebenden Kletterer geschickt: Ihr Pelz ist grünlich von Algen, die in ihrem Fell leben.

Ist der **Walhai** ein Hai oder ein Wal? Ein Hai – und zwar der größte seiner Art. Er kann bis zu 12 Meter lang werden, so lang wie ein Schulbus. Gut, dass diese Giganten der Meere für uns Menschen harmlos sind, nicht jedoch für Krebse, Quallen und kleine Fische.

Der ewige Teenager! Der **Axolotl** sieht aus wie ein Fisch mit Beinen. Denn der Axolotl wird niemals erwachsen, er bleibt immer eine weit entwickelte Kaulquappe. Verliert er ein Körperteil, etwa ein Bein, wächst es innerhalb weniger Monate nach.

Länderanzahl: 23
Bevölkerung: 546 Millionen

Nord- und Mittelamerika

Dieser Kontinent ist nach dem Seefahrer Amerigo Vespucci benannt, der Anfang des 16. Jahrhunderts vor den Küsten Nordamerikas segelte. Bald wanderten Millionen von Menschen in die neue Welt aus, wo sie sich ein besseres Leben erhofften. Andere wurden als Sklaven aus Afrika dorthin verschleppt. Heute gibt es keine Sklaverei mehr. Doch bestehen noch immer große Gegensätze zwischen armen und reichen Menschen.

In Kanada heißt der Nationalsport **Eishockey**. Die Leute sind so verrückt danach, dass manche im Winter ihren Garten unter Wasser setzen. Wenn die Temperaturen sinken, haben sie die perfekte Eisbahn vor der Haustür. ↗

Das Wahrzeichen Amerikas, die **Freiheitsstatue**, stammt aus Frankreich. Sie wurde dort vor über hundert Jahren gebaut, zerlegt und nach New York verschifft. Eine Gabe der Franzosen an die Amerikaner zum Andenken an die Amerikanische Revolution. →

Ein Schnäppchen: Russland verkaufte **Alaska** an die USA für gerade einmal 7,2 Millionen Dollar.

ZUM KNOBELN!

1. Wie heißt die große Insel, die politisch nicht zu Amerika gehört?
2. Nenne die mittelamerikanischen Staaten, die auf einer Landbrücke Nordamerika und Südamerika verbinden!
3. Welche beiden Ozeane verbindet der Panamakanal miteinander?

Nix für Zuckerschnuten: Bereits die **Maya und Azteken,** frühe Indianervölker, ließen sich Kakao schmecken. Allerdings war dieses Getränk nicht süß, sondern scharf. Sie würzten es mit Pfefferschoten, nicht mit Zucker.

Mexiko-Stadt, die Hauptstadt von Mexiko, ist mit etwa 22 Millionen Einwohnern die größte Stadt Mittelamerikas und die drittgrößte der Welt.

Blackbeards Schiff, Queen Anne's Revange

Super-Abkürzung! Mitten durch Panama führt seit 1914 der **Panamakanal**, eine der wichtigsten Wasserstraßen der Welt. Schließlich erspart er den Schiffen, die vom Atlantik in den Pazifik wollen, einen Umweg von 15 000 Kilometern: Sie müssen nicht mehr um Südamerika herumfahren.

Lust auf Echsen-Eintopf? In **El Salvador** wird eine Echse namens Garrobo zu Suppe verarbeitet. Sie soll magische Kräfte besitzen – und sogar Tote erwecken.

Die Bahamas waren der ideale Ort für **Piraten** wie den berüchtigten Blackbeard. Denn spanische Galeeren segelten hier auf ihrem Weg nach Europa vorbei. Sie hatten Gold geladen, das sie den Indianern geraubt hatten. Blackbeard und seine Männer knöpften es den Eroberern wieder ab.

Südamerika

Fläche: 17,8 Millionen km²

Rekord: Höchster Wasserfall

Salto Ángel in Venezuela

Südamerika ist ein Kontinent zum Staunen, denn hier kannst du viele tolle Tiere und faszinierende Wunder der Natur entdecken: das längste Gebirge, die Anden, der größte Regenwald im Amazonasgebiet und die trockenste Wüste, die Atacama-Wüste. Außerdem liegt in dieser Weltgegend das größte Feuchtgebiet, das Pantanal. Hast du Lust auf eine Reise nach Südamerika? Mit dem Finger auf der Landkarte!

1 Nur Zweiter? Der **Amazonas** ist mit 6448 Kilometern nach dem Nil der zweitlängste Fluss der Welt. Dafür führt er viel mehr Wasser als sein Konkurrent aus Afrika. Im wasserreichsten Fluss der Erde schwimmen sogar pinke Süßwasserdelfine. →

2 Der Salto Ángel ist mit 979 Metern **der höchste Wasserfall** der Welt.

1 Klein, aber oho: Die **Brasilianische Wanderspinne** gehört zu den giftigsten und gefährlichsten Spinnen der Welt. Das nur fünf Zentimeter kleine Tier verkriecht sich gerne in Schuhen. Wenn es sich bedroht fühlt, springt es seine „Beute“ an und beißt kraftvoll zu. Ohne rasches Gegengift überlebt man so einen Spinnenangriff nicht. →

Galápagos-Riesenschildkröten sind die größten Schildkröten der Welt und die langlebigsten Tiere überhaupt. Manche von ihnen werden 180 Jahre alt.

Die **Atacamawüste** in den Anden ist die trockenste Wüste der Welt. An einigen Stellen ist seit Menschengedenken kein Tropfen Regen gefallen. Und doch wachsen dort Pflanzen! Sie ziehen Feuchtigkeit aus dem Nebel, der von der Küste heranwabert.

Am Südzipfel der Anden in Argentinien liegt der imposante **Perito-Moreno-Gletscher**. Das Besondere an diesem 30 Kilometer langen Eisgiganten: Er wächst! Im Gegensatz zu vielen anderen Gletschern, die wegen des Klimawandels schmelzen.

Giftzwerg: Die Haut des **Pfeilgiftfrosches** enthält eines der stärksten Gifte der Erde.

Amazonas-Regenwald: Nirgendwo auf der Welt leben so viele verschiedene Tiere und Pflanzen wie hier. Als „Grüne Lunge“ ist der tropische Regenwald außerdem wichtig für das Klima auf unserer Erde.

Wald in Gefahr! Menschen holzen jedes Jahr riesige Gebiete ab, um sie als Felder zu nutzen.

Länderanzahl: 12
Bevölkerung: 387 Millionen

Südamerika

Als der spanische Eroberer Hernando Cortés vor fast 500 Jahren in Südamerika landete, lebten dort Hunderte von Indianerstämmen. Die Europäer rotteten die meisten aus und damit auch ihre Sprachen. Deshalb wird heute in den meisten Ländern Spanisch oder Portugiesisch gesprochen. Du merkst schon: Südamerika ist ein Kontinent der Gegensätze. Riesige Länder wie Brasilien liegen neben Winzlingen wie Surinam. Reiche Menschen wohnen nicht weit von den Hütten der Armen. Doch etwas verbindet alle: Futebol – das ist Portugiesisch und heißt Fußball.

Holland in Südamerika? **Surinam** ist das kleinste unabhängige Land des Kontinents. Früher wurde es von den Niederländern regiert, deshalb spricht man dort noch heute Niederländisch.

Reich an **Bodenschätzen:** Die alten Inkas in Peru liebten das Edelmetall Gold. Bis heute wird es dort abgebaut – leider oft ohne Rücksicht auf die Umwelt.

Eine Rampe für Raketen: **Französisch-Guayana** gehört zu Frankreich und damit auch zur Europäischen Union. An der Atlantikküste liegt der Weltraumbahnhof Kourou. Von hier werden Raketen ins All geschossen. ↓

Siegeszug um die Welt: **Kartoffeln** kommen aus Südamerika. Sie werden heute auf fast allen Kontinenten angebaut und geliebt. ↓

Hoch oben in den Anden thront die berühmte Inkastadt **Machu Picchu** (sprich: Matschu Piktschu). Um 1450 wurde sie von den Ureinwohnern aus Stein erbaut und hundert Jahre später aus unbekannten Gründen verlassen. Dann hat der Urwald die Stadt so überwuchert, dass man sie über 400 Jahre lang vergessen hat.

Der berühmteste **Karneval** der Welt findet in Rio de Janeiro statt. Die Brasilianer und die Touristen feiern und tanzen eine Woche lang Tag und Nacht.

Fußball ist heute in Brasilien Nationalsport. Wusstest du, dass Charles William Miller, ein Engländer, im Jahr 1894 zwei Lederfußbälle aus Europa nach São Paulo mitbrachte? So steckte er die Brasilianer mit seiner Begeisterung fürs Bolzen an.

Die **Kayapò-Ureinwohner** in Brasilien kämpfen seit Jahrzehnten für den Schutz des Regenwalds und gegen den Bau eines riesigen Staudamms, der ihren Lebensraum gefährdet.

São Paulo ist die größte Stadt Südamerikas und hat etwa 12 Millionen Einwohner, vier Mal so viel wie Berlin.

ZUM KNOBELN!

1. Welche zwei Länder haben keinen Zugang zum Meer?
2. Wie heißt diese Inselgruppe?

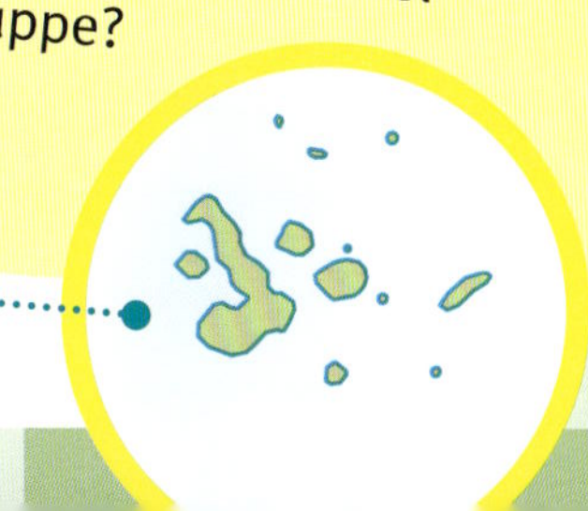

Arktis

Die Pole tauen! Die Arktis ist mit am schlimmsten von der **Klimaerwärmung** betroffen. Viele Forscher befürchten, dass bis zum Jahr 2040 das gesamte Gebiet im Sommer eisfrei sein könnte. Das hätte zur Folge, dass Tierarten wie Eisbär und Polarfuchs aussterben würden.

Wenn du eine Expedition in die Arktis machst, wanderst du auf dicken Eisplatten, die auf dem Meer schwimmen. Taut dieses Eis, fällst du in das Nordpolarmeer, denn Land gibt es direkt um den Nordpol herum nicht. Zur Arktis gehören aber auch die Insel Grönland und Teile von Russland, Kanada und den USA.

Himmelfeuer! In der Arktis kannst du im Winter ein faszinierendes Naturschauspiel beobachten: die Nordlichter. Diese Lichtschleier entstehen durch winzige Sonnenteilchen. Wenn die elektrisch geladenen Partikel zur Erde gelangen, reagieren sie mit der Luft und leuchten. Auch in der Antarktis gibt es dieses Spektakel, dort heißt es Südlicht.

Einhörner der Arktis: Die bis zu fünf Meter langen Stoßzähne dienen den **Narwalen** als „Super-Messgerät“. Sie können damit etwa den Salzgehalt des Wassers untersuchen.

Wer macht das Licht aus? Am Nordpol ist es im Sommer sechs Monate hell. Dafür geht die Sonne im Winter nicht auf. Am Südpol ist es genau umgekehrt.

Großer Jäger: So nennen die Inuit, die Ureinwohner der Arktis, den **Eisbären**. Er wird bis zu drei Meter lang und ist damit das größte lebende Landraubtier der Welt.

Antarktis

An der Wostok-Forschungsstation wurde **die tiefste Temperatur** auf der Erde gemessen: minus 89,2 Grad Celcius!

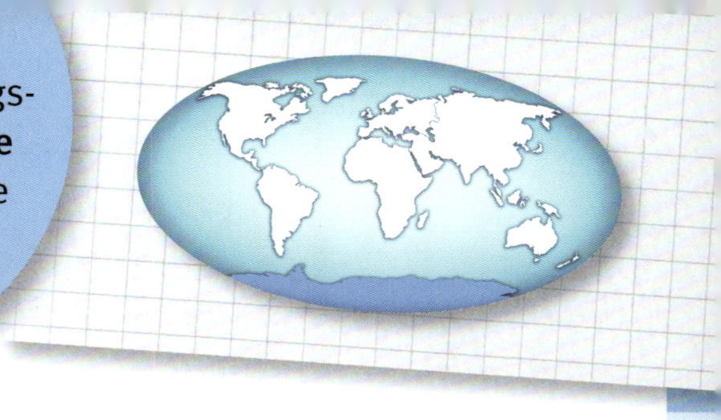

Magst du den Winter? Dann könnte die Antarktis, das Polargebiet rund um den Südpol, ein gutes Reiseziel für dich sein. Allerdings ist dieser kälteste aller Kontinente nicht dauerhaft bewohnt, denn hier wird es fast 90 Grad Celsius kalt. Die Landfläche ist von einer riesigen Eisdecke überzogen, die bis zu 5000 Meter dick ist.

Ein unbewohnter Kontinent: Nur einige Wissenschaftler leben zeitweise auf der Antarktis in **Forschungsstationen**, meist im Sommer. Touristen dürfen nur als Tagesgäste die Antarktis erkunden. ↘

←

Blauwale futtern täglich bis zu sechs Tonnen Fisch und Plankton, also Mini-Pflanzen und Tierchen. Sie sind mit 30 Metern Länge die größten Säugetiere auf unserer Erde.

Reiselustige Gesellen: **Kaiserpinguine** wandern jeden Winter wochenlang zu ihren Brutplätzen im Inland. Nach der Eiablage watscheln die Weibchen zurück zum Meer, während die Pinguinpapas den Nachwuchs ausbrüten. →

Flaggen der Welt

Europa

Albanien

Andorra

Belgien

Bosnien und Herzegowina

Bulgarien

Dänemark

Deutschland

Estland

Finnland

Frankreich

Griechenland

Großbritannien

Irland

Island

Italien

Kosovo

Kroatien

Lettland

Liechtenstein

Litauen

Luxemburg

Malta

Mazedonien

Moldawien

Monaco

Montenegro

Niederlande

Norwegen

Österreich

Polen

Portugal

Rumänien

San Marino

Schweden

Schweiz

Serbien

Slowakei

Slowenien

Spanien

Tschechische Republik

Ukraine

Ungarn

Vatikanstaat

Weißrussland

Afrika

Ägypten

Algerien

Angola
Äquatorialguinea
Äthiopien
Benin
Botswana
Burkina Faso
Burundi
Demokratische Republik Kongo
Dschibuti
Elfenbeinküste
Eritrea
Gabun
Gambia
Ghana
Guinea
Guinea-Bissau
Kamerun
Kap Verde
Kenia
Komoren
Lesotho
Liberia
Libyen
Madagaskar
Malawi
Mali
Marokko
Mauretanien
Mauritius
Mosambik
Namibia
Niger
Nigeria
Republik Kongo
Ruanda
Sambia
São Tomé und Príncipe
Senegal
Seychellen
Sierra Leone
Simbabwe
Somalia
Südafrika
Sudan
Südsudan
Swasiland
Tansania
Togo
Tschad
Tunesien
Uganda
Westsahara
Zentralafrikanische Republik

Asien
Afghanistan
Armenien
Aserbaidschan
Bahrain
Bangladesch
Bhutan
Brunei
China
Georgien
Indien
Indonesien
Irak
Iran
Israel
Japan
Jemen
Jordanien
Kambodscha
Kasachstan
Katar
Kirgisistan
Kuwait
Laos
Libanon
Malaysia
Malediven
Mongolei
Myanmar
Nepal
Nordkorea
Oman
Osttimor
Pakistan
Philippinen
Russland
Saudi-Arabien
Singapur
Sri Lanka
Südkorea
Syrien
Tadschikistan
Taiwan
Thailand
Türkei
Turkmenistan
Usbekistan
Vereinigte Arabische Emirate
Vietnam
Zypern
Ozeanien
Australien
Cookinseln
Fidschi

Kiribati | Marshallinseln | Mikronesien | Nauru | Neuseeland | Palau

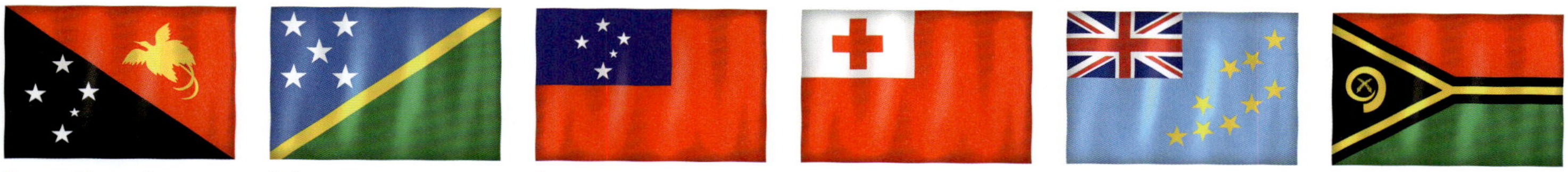

Papua-Neuguinea | Salomonen | Samoa | Tonga | Tuvalu | Vanuatu

Nord- und Mittelamerika

Antigua und Barbuda | Bahamas | Barbados | Belize | Costa Rica

Dominica | Dominikanische Republik | El Salvador | Grenada | Guatemala | Haiti

Honduras | Jamaika | Kanada | Kuba | Mexiko | Nicaragua

Panama | St. Kitts und Nevis | St. Lucia | St. Vincent und die Grenadinen | Trinidad und Tobago | Vereinigte Staaten von Amerika

Süd-amerika

Argentinien | Bolivien | Brasilien | Chile | Ecuador

Guyana | Kolumbien | Paraguay | Peru | Surinam | Uruguay

Venezuela

Reisespiele

In diesem Atlas hast du viel über interessante Orte in Europa und der Welt erfahren. Vielleicht hast du auch einige dieser Plätze schon besucht? Schreib dir doch einfach mal auf, wo du schon im Urlaub warst und wo du unbedingt noch hinmöchtest. Das erleichtert die Reiseplanung.

Apropos Reiseplanung

Es gibt unendlich viele Reiseziele, die sich lohnen. Manche liegen direkt vor deiner Haustüre, andere am anderen Ende der Welt. Doch was tut man eigentlich, um sich nicht während der Zeit zu langweilen, die man braucht, um dorthin zu gelangen? Hier kommen ein paar Tipps, was du auf einer langen Autofahrt, in der Bahn, auf der Fähre oder im Flugzeug so anstellen kannst, um dir die Zeit spielend leicht zu verkürzen.

Stadt, Land, Fluss

Du brauchst mindestens zwei Spieler und eine entsprechende Anzahl an Stiften und Zetteln. Jeder zeichnet sich eine Tabelle. Die Spalten bekommen Überschriften wie Stadt, Land, Fluss, Sehenswürdigkeit etc. Ein Spieler sagt laut „A“ und beginnt im Stillen das Alphabet aufzusagen. Ein zweiter Spieler sagt irgendwann „stopp“. Der Spieler, der aufzählt, muss den Buchstaben nennen, bei dem er gerade ist und los geht's! Jeder versucht so schnell wie möglich seine Spalten mit passenden Begriffen zu füllen, die mit diesem Buchstaben beginnen. Wer als erster fertig ist, ruft „stopp“ und alle anderen hören sofort auf. Nun vergleicht ihr die Ergebnisse.
Für Begriffe die nur ein Spieler gefunden hat, gibt es 20 Punkte, für mehrfach genannte 10. Wer die meisten Punkte hat, gewinnt.

Eine Stadt mit „I“: Istanbul

Ein Land mit „A“: Australien

ein Fluss mit „D“: Donau

Städtestaffel

Ein Spieler beginnt und nennt eine Stadt, zum Beispiel Bremen. Der nächste Spieler muss nun eine Stadt nennen, die mit dem letzten Buchstaben der zuvor genannten beginnt, hier also beispielsweise Nürnberg. Ein und dieselbe Stadt darf nicht mehrfach in einer Runde genannt werden. Wem keine Stadt mit einem passenden Buchstaben einfällt, hat verloren. Das geht natürlich auch mit Obst, Gemüse, Vornamen ...

Jerusalem endet auf „M" ...

... darauf könnte Moskau folgen ...

... auf Moskau Ulan-Bator ...

Ich packe meinen Koffer

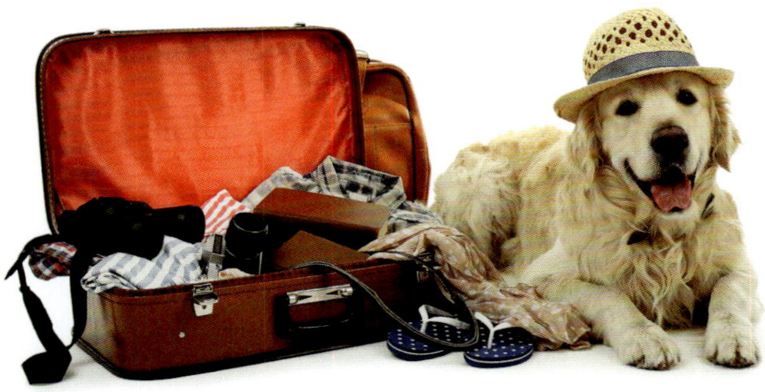

Ein Spieler beginnt und nennt einen Gegenstand, den er mitnehmen möchte: „Ich packe meinen Koffer und nehme eine Zahnbürste mit." Der nächste Spieler wiederholt den Satz und fügt einen neuen Gegenstand hinzu: „Ich packe meinen Koffer und nehme eine Zahnbürste und einen Föhn mit". So geht es reihum. Es werden immer mehr Gegenstände, die man sich merken muss. Verwechselt jemand die Reihenfolge oder vergisst einen Gegenstand, hat dieser Spieler verloren.

Spürnasen unterwegs

Für dieses Spiel benötigst du einen Spielleiter, zum Beispiel ein Elternteil. Die Zahl der Spieler ist beliebig. Stell dir vor, du bist ein Detektiv und ermittelst in einem Zugwaggon oder im Flugzeug. Der Spielleiter ist dein Klient, der dich beauftragt. Er stellt dir Fragen und du musst die Antworten herausfinden.

Hier ein paar Beispiele:
- Wie viele Waggons ist der Speisewagen entfernt?
- Wie viele Sitzplätze hat das Flugzeug?
- Wann wurde die Fähre gebaut?

Lösungen

Hier findest du die Antworten zu allen Ratselfragen und Kartensuchspielen.

S. 26
1. Bernstein findest du entlang der Ostseeküste.
2. Alpen, Apenninen, Balkan, Karpaten, Kaukasus, Pyrenäen, Skanden, Ural
3. Die Wolga mündet in das Kaspische Meer.

S. 33
1. Die Färöer gehören politisch zu Dänemark.
2. Reykjavik
3. Eine: Birmingham

S. 39
1. Liechtenstein, das kleinste Land Mitteleuropas, liegt zwischen der Schweiz und Österreich.
2. Die Hauptstadt der Slowakei heißt Bratislava.
3. Sieben. Luxemburg, Schweiz, Österreich, Liechtenstein, Tschechien, Slowakei, und Ungarn

S. 59
1. Zwei: Moldawien und Weißrussland
2. Chişinău ist die Hauptstadt Moldawiens.
3. Tallinn, die Hauptstadt Estlands und Riga, die Hauptstadt Lettlands liegen an der Ostsee.
4. Neun

S. 67
1. Sieben: Istanbul, Bursa, Izmir, Adana, Konya, Antalya und Gaziantep
2. Zypern
3. Das Schwarze Meer grenzt im Süden an die Türkei.

S. 73
1. Mit Spanien und Frankreich verfügen zwei Länder über einen Zugang zu Atlantik und Mittelmeer.
2. Eine: Mailand
3. In den Pyrenäen zwischen Frankreich und Spanien liegt der Zwergstaat Andorra.

S. 85
1. Der Kartenausschnitt zeigt die Kapverdischen Inseln vor der Nordwestküste Afrikas
2. Der Victoriasee ist nicht nur der größte See Afrikas, sondern zugleich der zweitgrößte Süßwassersee der Welt.
3. Der Nil mündet in das Mittelmeer.

S. 91
1. Das Land, dessen Südostecke im Ausschnitt markiert ist, ist die Türkei.
2. Es sind insgesamt 36. Kommst du auf 37? Vielleicht hast du die Hauptstadt Neu-Delhi mitgezählt. Sie hat aber lediglich 250.000 Einwohner.
3. Der Name der Hauptstadt von Aserbaidschan lautet Baku.

S. 95
1. Vier: Tscheljabinsk, Jekaterinburg, Omsk, Nowosibirsk
2. Die Großstadt Wladiwostok mit etwa 600.000 Einwohnern liegt an der russischen Pazifikküste.

S. 104
1. Grönland gehört politisch zu Dänemark.
2. Guatemala, Belize, El Salvador, Honduras, Nicaragua, Costa Rica, Panama
3. Der Panama-Kanalverbindet den Pazifik mit dem Atlantik.

S. 109
1. Bolivien und Paraguay haben weder einen Zugang zum Atlantik noch zum Pazifik.
2. Der Kartenausschnitt zeigt die berühmten Galapagosinseln. Sie liegen etwa 1000 km vor der Westküste Ecuadors.

Bildnachweis

Cover: istockphoto/johan63 (Hauptmotiv), fotolia/Robert (Tigerbaby), fotolia/flyinger
(Brandenburger Tor), Istock/adamkaz (Mädchen)

Picture Alliance: Picture alliance/Mary Evans Picture Library (23 o.r.), Picture Alliance/Westend61
(33 o.), Picture Alliance/ZB/euroluftbild.de (40 M.), Picture Alliance/EXPA/APA/picturedesk.com
(41 M.,), Picture Alliance/Joker (54 M)., Picture Alliance/dpa (56 M. u., 58 u.l.), Picture Alliance/
Sodapix AG (58 u,r.), Picture Alliance/Arco Images (60 o.l.), Picture Alliance/Mary Evans Piture Library
(63 o.), Picture Alliance/dpa (75 o., 76 M.), Picture Alliance/NHPA/photoshot (87 u.r.), Picture
Alliance/AP Photo (88 u.M.), Picture Alliance/akg-images/RIA Nowosti (94 u.r.), Picture Alliance/DPA
(95 o.), Picture Alliance/DPA (99 o.), Picture Alliance/Robert Harding World Imagery (101 u.M.)
Fotolia: Damian (Büroklammer), isarpic (kariertes Notizblatt), homydesign (grünes Ticket), Anton
Balazh (10 o.), Klaus Rose (13 u.l.), amphotolt (13 u.r.), Vlad Ivantcov (14 o.r.), demarfa (16 M.),
Anatoly Ustinenko (17 o.), Dimitry Pichugin (17 u.), chaosdiver (18f. o.), Ralf Gosch (18 M.), Ariane
Citron (19 o.), zhaubasar (20f. o.), clearviewstock (20 M.), HappyAlex (20 u.l.), Karin Jähne (21 M.),
axily (21 u.M.), Kathleen Rekowski (21 u.r.), Patryk Kosmider (22 M.l.o.), JAY (22 M.l.u.), Evgen
(23 o.r.), ellensmile (23 u.), carole castelli (24 u.l.), ondrej prosicky (25 o.), diethwalther (25 r.o.),
tongo_foto (26f. o.), AM Design (26 u.l.), humbak 27 (u.M.), Sebastian Hensel (28 o.), LianeM
(28 u.M.), Gargonia (29 o.r.), MasterLu (29 M.), Lambros Kazan (29 u.), Andrey Kuzmin (31 o.),
f11photo (32 M.), senicer (32 u.), Piotr Wawrzyniuk (33 u.), Alex Koch (34 o.), cajaboco (34 M.r.),
spumador (34 u.), dade71 (35 M.r.), norbbel (35 u.), travelguide (36 M.), maxsol7 (36 u.), Anibal Trejo
(38 o.), rihas (38f.), u.perreten (40 u.), photowahn (41 o.), Christian Musat (41 u.), maromarez (54 u.),
michilist (55 o.), meseberg (56 o.), tomeyk (57 M.), DH (57 u.), Vladimir Melnik (58 o.), photofranz56
(58 o.), Printemps (58 M.u.), Fotokon (58f. u.), pioregur (60 o.), Aleks Kend (60 M.r.), ID1974 (60 u.),
bokstaz (61 M.r.), Erik Mandre (61 u.), dimbar76 (62), ryzhkov sergey (63 M.), Leonid Andronov
(63 u.), vrab elpeter1 (64 o.), Lucian Bolca (64 M.), Maksim Bukovski(64 u.), percent (65 o.), caluian
(65 M.), Ewais (65 u.), vladimirnenezic (66 o.), nyiragongo (66 M.), ollirg (66 u.), Richard Carey
(67 o.), fotofritz16 (67u.), dream79 (68 o.), ots-photo (68 M.), Kavita (68 u.), rh2010 (68f. u.), larygin
Andrii (69 o.), stifos (69 u.), fatihyalcin (70 o.), neirfy (70 M.), Koraysa (70 u.), anastasios71 (71 o.),
wjarek (71 M.), Macmaniac (71 u.), volff (72 o.), Sena PavonePhoto (72 u.), Uryadnikov Sergey (73 o.),
szirtesi (73 u.), neirfy (74 o.), firstflight (74 M.), LaineM (74 u.l.), juan g aunion (74 u.r.), Jota69
(75 u.), Jose Ignacio Soto (76 u.l.), dirk94025 (76f. o.), davis (77 o.), Richard Villalon (77 u.),
circumnavigation (78), Iblionova (79 o.), Angelo Giampiccolo (79 M.), gekaskr (79 u.), pico
(80-83 EU-Symbol), KINWUN (83 o.), frank11 (84 o.), mattiaath (85 o.), christofmuller (85 u.l.),
Eric Gevaert (85 u.M.), Galyna Andrushko (86 o.r.), Phattman (88 u.l.), Benshot (90 M.o.), Rudolf
Tepfenhart (90 M.u.), ayazad (90 u.r.), Fotoimp (91 M.o.), Galyna Andrushko (91 M.u.), mik ivan
(92 o.), Anatoly Butyrin (92 u.), Hunta (93), Vladitto (94 M.), darkbird (94 u.l.), cescassawin (95 u.),
Uryadnikov Sergey (96 u.), wusuowei (97 o.), Patrick (98 o.), potowizard (98 M.), aquablue71 (98 u.),
hotshotsworldwide (101 u.r.; 103 u.M.), jgorzynik (102 o.r.), kaschibo (103 u.r.), UbjsP (104 o.M.),
mgkujipers (107 o.), Roman Gorielov (109 M.), KaYann (109 u.l.), patronestaff (109 u.r.), Maxim
Tupikov (110 o.r.), staphy (111 o.r.), Africa Studio (117 M.l.), Johnér (117 u.r.)
Colourbox : Colourbox (24 u.r., 38 u., 39 o., 39 u., 55 M., 56 u., 76 u.r., 77 M., 81 o.), cescassawin
(25 u.r.), dibrova (30 u.)
Istock: billnoll (Recyclingpapier), 101cats (10f. o.), Claudiad (19 u.r.), 4FR (19 u.M.), MOF (18 u.),
bucky_za (87 o.), studioakant (89 o.), kodda (89 M.r.o.), Pro-syanov (92 M.), Himagine (96 M.),
menabrea (97 u.), KenCanning (102 o.l.), hockeymom4 (104 o.l.), pixzzle (105 u.), wsfurlan (109 o.),
HuntedDuck (110 u.r.), kshevtsov (110f. M.), KeithSzafranski (111 u.r.)
Reuters: Howard Burditt (85 u.r.)
Shutterstock: Faiz Zaki (99 u.), James Michael Dorsey (86 o.l.)
Wikimedia Commons: Yaan (11 o.l.), Library of Congress (11 o.r.), Lockheed-Martin (13 M.l.), Olegiwit/
cc-by-sa-3.0 (27 M.r.o.), Karsen Dörre/cc-by-sa-3.0 (27 M.r.u.), Prof saxx/cc-by-sa-3.0 (28 u.l.),
Dan Lundberg/cc-by-sa-2.0 (87 u.M.), Luca Galuzzi/cc-by-sa-2.5 (89 M.r.u., 107 u.l. und r.),
United States Botanic Garden (96 o.), Jakub Ha un/cc-by-sa-3.0 (99 M.), Janderk/cc-by-sa-2.0
(100 u.), Lubasi/cc-by-sa-2.0 (106 o.l.), NOAA Photo Library/cc-by-2.0 (110f. u.)
Sonstige: Geoportal Berlin/DOP20RGB: 14 (M.r.), Uli Poetsch (Anden 16 u.r., Uluru 100 M.),
GEOMAR-Helmholtz-Zentrum für Ozeanforschung Kiel (36 o.r.), National Geographic/Alison Wright
(37 M.), Luxembourg City Tourist Office (55u.)